近畿圏版① 使いやすい！教えやすい！家庭学習に最適の問題集！

洛南高等学校附属小学校
立命館小学校

JN126605

2023 年度版

過去問題集

<問題集の効果的な使い方>

①お子さまの学習を始める前に、まずは保護者の方が「入試問題」の傾向や難しさを確認・把握します。その際、すべての「学習のポイント」にも目を通しましょう。
②入試に必要なさまざまな分野学習を先に行い、基礎学力を養ってください。
③学力の定着したら「過去問題」にチャレンジ！
④お子さまの得意・苦手が分かったら、さらに分野学習をすすめレベルアップを図りましょう！

合格のための問題集

洛南高等学校附属小学校

お話の記憶	お話の記憶問題集　中・上級編
推理	Ｊｒ・ウォッチャー 31「推理思考」
推理	Ｊｒ・ウォッチャー６「系列」
推理	Ｊｒ・ウォッチャー７「迷路」
数量	Ｊｒ・ウォッチャー 16「積み木」

立命館小学校

図形	Ｊｒ・ウォッチャー４「同図形探し」
推理	Ｊｒ・ウォッチャー６「系列」
記憶	Ｊｒ・ウォッチャー 20「見る記憶」
知識	Ｊｒ・ウォッチャー 27「理科」55「理科②」
言語	Ｊｒ・ウォッチャー 60「言葉の音」

●資料提供●

京都幼児教室

ISBN978-4-7761-5445-7

C6037 ¥2300E

9784776154457

定価 2,530 円
(本体 2,300 円＋税 10%)

1926037023005

日本学習図書 ニチガク

ニチガク式学習支援!!

日本学習図書（ニチガク）

ニチガクの
家庭学習支援

Web学習サポートサービス

こんなこと…ありませんか？

「ニチガクの問題集…買ったはいいけど、、、
この問題の教え方がわからない（汗）」

メールでお悩み解決します！

☆ ホームページ内の専用フォームで必要事項を入力！
☆ 教え方に困っているニチガクの問題を教えてください！
☆ 確認終了後、具体的な指導方法をメールでご返信！
☆ 全国どこでも！ スマホでも！ ぜひご活用ください！

＜質問回答例＞

学習のポイント

推理分野の学習では、後の学習に活きる思考力を養うことができます。ご家庭で指導する場合にも、テクニックにたよらず、保護者の方が先に基本的な考え方を理解した上で、お子さまによく考えさせることを大切にして指導してください。

Q.「お子さまによく考えさせることを大切にして指導してください」と学習のポイントにありますが、考える習慣をつけさせるためには、具体的にどのようにしたらいいですか？

A. お子さまが考える時間を持てるように、質問の仕方と、タイミングに工夫をしてみてください。
たとえば、「答えはあっているけど、どうやってその答えを見つけたの」「答えは○○なんだけど、どうしてだと思う？」という感じです。はじめのうちは、「必ず 30 秒考えてから手を動かす」などのルールを決める方法もおすすめです。

まずは、ホームページへアクセスしてください!!

http://www.nichigaku.jp　日本学習図書　検索

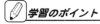

目指せ！合格！

家庭学習ガイド
洛南高等学校附属小学校

ペーパー　運動　行動観察　保護者面接

入試情報

募集人数：男女90名
応募者数：男子63名　女子60名
出題形態：ペーパー、ノンペーパー
面　　接：保護者
出題領域：ペーパー（記憶、言語、推理、数量、図形、常識）、運動

入試対策

例年、ペーパーテストで難しい問題が多数出題されていましたが、ここ数年極端に難しい問題は減ってきています。とは言っても、地域内の比較としてはレベルの高い問題が出題されることには変わりないので、幅広い分野で基礎を固めるとともに、応用問題にも対応できるように準備を進める必要があるでしょう。日々の学習に加えて、実体験を通して知識を補うことも大切にしてください。

運動テストでは、運動能力の発達度はもとより、子どもの態度や心構え、協調性の有無、マナーが身に付いているかなど、さまざまな点が観られます。子どもの日常の様子に加え、保護者の方を含む家庭全体が観られているということを意識し、家族全員で受験に取り組みましょう。

また、ペーパーテストの問題数も多く、試験時間も長時間に渡るため、集中力の持続も大切です。必要な時には集中できるように、学習は時間を決めて行い、遊ぶ時は思い切り遊ぶなどメリハリをつけて日常を過ごしてください。

●難しい問題が減ってきているとはいえ、応用力を試される問題も見られます。基礎を大切にしつつ、分野を横断するような学習も取り入れましょう。

●ペーパーテストは問題数が多いので、集中力の持続も大切な要素になります。家庭学習の中でも時折そうした状況を作り、お子さまの集中力がどのくらい続くのかを把握しておくとよいでしょう。

●保護者の方には、面接資料提出時と試験時に作文が課されました。お子さまの教育や社会生活などについて、ふだんからしっかり意識してしておくことが重要です。

●保護者作文は、「○○について思うところをお書きください」という形で出題されます。これは「あなたの思うところ」を書くということなので、一般論ではダメということです。テーマについてあなた自身の意見を書くようにしましょう。

「洛南高等学校附属小学校」について

＜合格のためのアドバイス＞

当校は、日本有数の進学校、洛南高等学校の附属小学校として、2016 年４月に開校しました。これまでのペーパーテストは難度が高く、高い学力を求められる問題が大半でしたが、2020 年度入試以降、問題がやさしくなっており、傾向の変化がうかがえます。しかし、標準的な小学校入試問題よりは難しく、基礎レベルの問題を確実に解けるようにした上で、反復学習や問題練習を重ねて正確さとスピードを養うという取り組みが必要なことには変わりありません。ある程度学力がついてきたら、発展的な問題に取り組みましょう。本書掲載の問題で傾向をつかみ、学習のポイントを参考にして家庭学習を行ってください。ペーパー学習とのバランスをとりながら、遊びやお手伝いなど日常の体験を通して知識を補強しましょう。ペーパーテスト以外に特筆すべき点としては、学校側が保護者の方をよく知りたいという思いから、出願時に作文、試験日前の指定日に保護者面接、試験時間中の課題作文の３つが課されています。なお、課題作文では、３つのテーマが与えられ、１時間で 600 字程度の作文を書かなければなりません。課題に対する答えを考え、作文全体の構成、表記の統一など、あらかじめ練習しておくべきことはたくさんあります。本書該当問題のアドバイスと下記の課題を参考にして、早めに練習を始めてください。

〈2022 年度選考〉

◆ペーパーテスト
◆運動
◆行動観察
◆保護者面接（考査日前に実施）
◆保護者作文

◇過去の応募状況

2022 年度	男子 63 名	女子 60 名
2021 年度	男子 73 名	女子 75 名
2020 年度	男子 90 名	女子 63 名

〈保護者作文について〉

お子さまが試験を受けている間、保護者に作文が課されました。３つのテーマの中から１つを選んで 600 字以内で書くという形式で行なわれます。

◆作文の課題例（本書掲載分以外の過去問題）

・「子を知る親に若かず然も子を知らざることもまた往々にして親に若かず」という言葉について、思うところをお書きください。
・「現代の親は多すぎる子育て情報に溺れているのではないか」という意見について、思うところをお書きください。
・「横で比べず、縦で比べよ」という言葉について、思うところをお書きください。
・「快適すぎるリビングは子どもの五感を鈍らせてしまう」という意見について、思うところをお書きください。
・「親が遺すことができる最大の贈り物は、親自身の自立だと思っているのよ」について思うところをお書きください。
・「子ども一人を育てるのには、愛を持った村じゅうの大人の協力が欠かせない」という言葉について、思うところをお書きください。

目指せ！合格！ 家庭学習ガイド
立命館小学校

ペーパー　制作　行動観察　親子面接

入試情報

募集人数：男女約120名
応募者数：非公表
出題形態：ペーパー、ノンペーパー
面　　接：保護者・志願者
出題領域：ペーパーテスト（常識、言語、お話の記憶、数量、図形、推理）、制作、行動観察

入試対策

当校の入学考査の特徴は、ペーパーテストの出題分野が広いことです。ほとんどは基礎的な内容でなので、各分野の基本となる部分をしっかり学習しておきましょう。また、常識分野など、机上の学習だけではなく、生活から学ぶことも数多く出題されています。社会のルールやマナーから、ふだん目にする自然・生きものまで、機会を逃さず知識を身に付けるよう指導してください。

●ペーパーテストは、幅広い範囲から出題されます。出題される分野に大きな変化はないので、過去問には必ず目を通し、出題分野の理解を深めておきましょう。

●例年、生活常識を問われる問題が出題されています。日頃から、自分のことをどれだけ自分でしているか、ご家庭での躾も出題の観点となってます。

●親子面接は、考査日前の指定された日時で実施されます。例年、親子関係や生活習慣などについて質問されます。面接官は願書を深く読み込んでおり、ご家庭ごとに異なった質問をされることもあります。家庭内で意思疎通ができるように、ふだんからお子さまを交えてよく話し合うようにしてください。

●すべての課題に共通しているのは、「指示を理解する」「指示を守って行動する」という点です。小学校入試だからというのではなく、生活（特に集団生活）する上での基本となるものなので、日常の中でそうした意識を持たせるようにしてください。

「立命館小学校」について

〈合格のためのアドバイス〉

当校は、小学校、中学校、高等学校の12年間を発達段階に分けた、４・４・４制による一貫教育の教育システムを導入しています。また、「モジュールタイム」「辞書引き学習法」などの教育プログラムを行っています。その点が高評価を得て、志願者を多く集める難関校の１つとなっています。

面接では、多くの記入欄が設けられた願書の内容から主に質問されています。願書に書いた内容を、「話す」という手段で伝えることが課題とも言えます。記入したこと以外のことも問われる場合もあるようなので、内容を一致させるためには、受験のためということではなく、日頃から保護者としての責任や教育方針などを話し合っておく必要があります。それに基づいた子どもへの教育、躾の実践が大切です。また、面接では保護者が質問されている時の、お子さまの姿勢も観られています。お子さまとも、学習をするということ、面接をするということについて、掘り下げた話し合いをするよう心がけてください。

ペーパーテストは幅広い分野から出題されます。説明を聞く力、理解する力、よく考える力が求められています。説明されたことの意図をすばやく理解し、適切な行動に移せるようになることを目標に、日々の学習を進めてください。そのためには、机上の学習で得た知識を体験・映像資料などで補強することと、考えて行動することを心がけてください。

〈2022年度選考〉

◆ペーパーテスト
◆制作
◆行動観察
◆保護者・志願者面接（考査日前に実施）

◇過去の応募状況

2022年度　非公表
2021年度　非公表
2020年度　非公表

入試のチェックポイント

◇受験番号は…「生年月日順」
◇生まれ月の考慮…「あり」

〈本書掲載分以外の過去問題〉

◆常識：同じ季節のものを選んで、線でつなぐ。［2020年度］
◆推理：３つのヒントに当てはまる動物を選んで○をつける。［2020年度］
◆図形：点線で折った時、左の形がぴったり重なるように、右に形を描く。［2020年度］
◆数量：積み木の数を数えて、その数だけ○を書く。［2020年度］
◆常識：大きくなったら何になるか、選んで○をつける。［2019年度］
◆言語：しりとりでつなげたとき、あてはまる絵を選んで○をつける。［2019年度］
◆推理：シーソーが釣り合うには、イチゴを何個載せればいいか。［2019年度］

（得）先輩ママたちの声！

◆実際に受験をされた方からのアドバイスです。
ぜひ参考にしてください。

洛南高等学校附属小学校

・試験当日、保護者に作文が出されましたが、課題が難しく、時間内に考えをまとめるのは大変でした。ふだんから子どもの教育について、しっかり考えて書き留めておいた方がよいと思います。

・保護者面接には、「なぜ洛南高等学校附属小学校に入学させたいか」というテーマの作文（300字程度）を持参します。事前に学校について調べ、教育方針や一貫教育についてきちんと理解している家庭を求めているのだと感じました。

・きちんと勉強させたつもりでしたが、それでも子どもは「難しかった」と言っていました。試験対策はしっかりとっておいた方がよさそうです。

・ペーパーテストの表紙には、名前の記入欄が４箇所あり、「ひらがな、カタカナ、漢字、英語で書けるところだけ記入してください。１つでも４つでも構いません」という指示があったそうです。

立命館小学校

・親子の関係や家庭での教育理念を具体的に聞かれました。試験対策としてだけでなく、早い段階から子育てに対する話し合いや取り組みをしていて、本当によかったと思いました。

・考査は約４時間近くありました。最後まで集中して取り組むことができるように早めの対策を心がけていたので、心に余裕をもって送り出すことができました。

・試験の分野が幅広いので、子どもがもっと興味を持ってくれるように、いろいろなことを体験させ、学習に結び付けるということを、もっと早い段階からすればよかったと思いました。

洛南高等学校附属小学校
立命館小学校
過去問題集

〈はじめに〉

現在、少子化が叫ばれているにもかかわらず、私立・国立小学校の入学試験には一定の応募者があります。入試は、ただやみくもに学習するだけでは成果を得ることはできません。志望校の過去における出題傾向を研究・把握した上で、練習を進めていくこと、その上で試験までに志願者の不得意分野を克服していくことが必須条件です。そこで、本問題集は小学校を受験される方々に、志望校の出題傾向をより詳しく知って頂くために、過去に遡り出題頻度の高い問題を結集いたしました。最新のデータを含む精選された過去問題集で実力をお付けください。

また、志望校の選択には弊社発行の**「2023年度版　近畿圏・愛知県　国立・私立小学校　進学のてびき」**をぜひ参考になさってください。

〈本書ご使用方法〉

◆出題者は出題前に一度問題を通読し、出題内容などを把握した上で、**〈 準　備 〉**の欄に表記してあるものを用意してから始めてください。

◆お子さまに絵の頁を渡し、出題者が問題文を読む形式で出題してください。問題を読んだ後で、絵の頁を渡す問題もありますのでご注意ください。

◆**「分野」**は、問題の分野を表しています。弊社の問題集の分野に対応していますので、復習の際の目安にお役立てください。

◆一部の描画や工作、常識等の問題については、解答が省略されているものがあります。お子さまの答えが成り立つか、出題者が各自でご判断ください。

◆**〈 時　間 〉**につきましては、目安とお考えください。

◆**［〇年度］**は、問題の出題年度です。**［2022年度］**は、「2021年の秋から冬にかけて行われた2022年度入学志望者向けの考査で出題された問題」という意味です。

◆**学習のポイント**は、指導の際にご参考にしてください。

◆**【おすすめ問題集】**は各問題の基礎力養成や実力アップにお役立てください。

〈本書ご使用にあたっての注意点〉

◆文中に**この問題の絵は縦に使用してください。**と記載してある問題の絵は縦にしてお使いください。

◆**〈 準　備 〉**の欄で、クレヨンと表記してある場合は12色程度のものを、画用紙と表記してある場合は白い画用紙をご用意ください。

◆文中に**この問題の絵はありません。**と記載してある問題には絵の頁がありませんので、ご注意ください。なお、問題の絵の右上にある番号が連番でなくても、中央下の頁番号が連番の場合は落丁ではありません。

下記一覧表の●が付いている問題は絵がありません。

問題1	問題2	問題3	問題4	問題5	問題6	問題7	問題8	問題9	問題10
問題11	問題12	問題13	問題14	問題15	問題16	問題17	問題18	問題19	問題20
									●
問題21	問題22	問題23	問題24	問題25	問題26	問題27	問題28	問題29	問題30
●									
問題31	問題32	問題33	問題34	問題35	問題36	問題37	問題38	問題39	問題40
			●	●	●	●			
問題41	問題42	問題43	問題44	問題45	問題46	問題47	問題48	問題49	問題50
									●

〈洛南高等学校附属小学校〉

※問題を始める前に、本書冒頭の「本書ご使用方法」「本書ご使用にあたっての注意点」をご覧ください。
※本校の考査は鉛筆を使用します。間違えた場合は×で訂正し、正しい答えを書くよう指導してください。

**保護者の方は、別紙の「家庭学習ガイド」「合格ためのアドバイス」を先にお読みください。
当校の対策および学習を進めていく上で役立つ内容です。ぜひご覧ください。**

2022年度の最新問題

問題1　分野：記憶（お話の記憶）

〈準備〉　鉛筆、消しゴム

〈問題〉　**この問題の絵は縦に使用してください。**
お話をよく聞いて、後の質問に答えてください。

今日は、みかちゃんと、お母さんと、友達のゆう君とゆう君のお母さんの４人で、お祭りに行きました。ゆう君たちとは夜の７時に公園で会う約束をしていました。出かけるときにおばあちゃんに「お祭りへ行く前に、はがきを出してちょうだい」と頼まれたので、ポストにはがきを出してから公園へ行きました。６時55分に公園に着くと、もう、ゆう君たちは待っていました。みかちゃんは、「ゆう君早いね」と言うと、ゆう君は「５分前行動が大切だよね」と言いました。４人でお祭りをしている小学校へ向かいました。小学校に着くと、たくさんのお店が並んでいました。みかちゃんもゆう君もワクワクです。まず、はじめに２人でヨウヨウつりをしました。ゆう君は３個取りましたが、みかちゃんは糸が切れてしまい１個も取れませんでした。みかちゃんが悲しそうにしていたら、ゆう君が水色のヨーヨーを1つくれました。みかちゃんはうれしくて「ありがとう」とお礼を言いました。そして次は、違うお店に行き、輪投げをして遊び、おうちで食べる綿菓子を買いました。２人はお腹がすいてきたので、食べ物を売っているお店まで走りました。お母さんに「危ないから走っちゃだめよ」と注意をされました。２人はお互いに食べたいものを買ってから、テントで食べることにしました。みかちゃんは、たこ焼きを買うことにしました。「たこ焼きをください」というと、お店の人が「８個入りと、６個入りがありますが、どちらにしますか」と聞きました。「８個入りをください」といいました。みかちゃんは、たこ焼きを食べようと、急いでテントに戻りました。ベンチに座っていると、ゆう君がやってきました。みかちゃんが「なにを買ってきたの」と聞くと「焼きそばと焼きとうもろこしだよ」と答えました。「えー、どこで売ってたの」と聞くと、「入り口を入ってすぐ左に焼きそば屋さんがあったでしょう。そこから奥へ５つ行ったところだよ」と教えてくれました。みかちゃんはお母さんとたこ焼きを半分ずつ食べました。運動場ではお父さんが太鼓をたたいていました。お友達に誘われて、みかちゃんもゆう君もみんなと一緒に太鼓に合わせて踊りました。８時半になったので、お母さんに「もう帰りましょう」といわれ、来年もまた来ることにして、みんなでおうちへ帰ることにしました。

（問題１の絵を渡す）
①みかちゃんとゆう君が会ったときの外の様子はどうでしたか。選んで○をつけてください。
②みかちゃんがお祭りに行くときに持っていたものはなんですか。選んで○をつけてください。
③みかちゃんとゆう君が、食べものを買う前にやったことはなんですか。選んで○をつけてください。
④みかちゃんが食べたたこ焼きの数を、○で書いてください。
⑤焼きそば屋のあったところはどこですか。○をつけてください。

〈時間〉　各15秒

問題2　分野：位置の移動

〈準備〉　鉛筆、消しゴム

〈問題〉　とも君はお父さんのいるところまで道を進みます。まず、とも君はまっすぐ歩き、2つ目の信号を右に曲がります。次に、そのまま、まっすぐ歩き、2つ目の信号で右に曲がりました。そして、また、まっすぐ進み、お父さんのいるところにつきました。とも君がお父さんのところへ行くまで出会った動物はなんですか。○をつけてください。

〈時間〉　15秒

問題3　分野：図形（積み木の数）

〈準備〉　鉛筆、消しゴム

〈問題〉　積み木を見てください。左の積み木は、ある方向から見た積み木で、右の積み木はその反対側から見たものです。積み木は全部でいくつありますか。その数だけ右の□に○を書いてください。

〈時間〉　各15秒

問題4　分野：常識（日常生活、マナーとルール）

〈準備〉　鉛筆、消しゴム

〈問題〉　（問題4－1の絵を渡す）

①どのように話をすれば、相手は喜ぶでしょうか。喜ぶようなことを言ったお友達に○をつけてください。

子どもたちがリレーをしていて、女の子が転んでしまいました。めがねをかけた男の子は「あなたのせいで僕のチームは負けてしまったじゃないか」といいました。帽子をかぶっている男の子は「ちゃんと練習していないからだよ」といいました。髪の毛の長い女の子は「一生懸命がんばったんだから、転んでも大丈夫だよ」といいました。帽子をかぶっている女の子は「あー、やる気なくなったよ」といいました。

どのように話をすれば、相手は喜ぶでしょうか。喜ぶようなことを言ったお友達に△をつけてください。

プレゼントをもらいました。めがねをかけた男の子は「ありがとう。でも、これ好きじゃないからいらない」といいました。帽子をかぶっている男の子は、「ありがとう。もう少し大きいのがほしかったなー」といいました。髪の毛の長い女の子は「ありがとう。それよりもっと勉強しないと」といいました。帽子をかぶっている女の子は「ありがとう。ちょうどこれほしかったの」といいました。

②真ん中を見てください。オリンピックのマークの黒い色の部分を、鉛筆で塗ってください。

③一番下を見てください。日本の国の旗です。赤い部分を鉛筆で塗ってください。

④信号機の赤になるところを、鉛筆で塗ってください。

（問題４－２の絵を渡す）
⑤1番上を見てください。正しくマスクをつけている人に○をつけてください。
⑥正しい箸の持ち方をしているのはどれですか。○をつけてください。
⑦正しい茶碗の持ち方をしているのはどれですか。○をつけてください。
⑧電車の中の様子です。お友達がよいことをしているなと思う絵に、○をつけてください。

〈時 間〉 ①～④各20秒　⑤～⑧各15秒

問題5　分野：話の聞きとり

〈準 備〉 鉛筆、消しゴム

〈問 題〉 ①お母さんがご飯の用意をしました。おいしそうなハンバーグもあります。お母さんが「ご飯は左に、味噌汁は右に、お魚は真ん中に置いてね」と言いました。お母さんに言われた通りに、置いてあるものはどれでしょうか。○をつけてください。
②先生に「ノートと教科書は開いたまま机の上に置き、筆箱から鉛筆２本と消しゴム１個を出して右上に置きましょう。筆箱は左上に置きましょう。必要のないものは、机の中にしまいましょう」と言われました。言われたとおりに置いてあるものはどれでしょうか。○をつけてください。

〈時 間〉 各20秒

問題6　分野：図形（同図形探し、点・線図形）

〈準 備〉 鉛筆、消しゴム

〈問 題〉 （問題６－１の絵を渡す）
左上の□の中の絵と同じ絵はどれですか。○をつけてください。

（問題６－２の絵を渡す）
上に描いてある絵と同じように、下に描いてください。

〈時 間〉 各１分

問題7　分野：図形（回転・展開、図形の構成）

〈準 備〉 鉛筆、消しゴム

〈問 題〉 ①折り紙を1回△に折り、もう１度△に折って、黒い部分を切り取りました。元の紙を開いたとき、どのような形になるでしょうか。右から探して○をつけてください。
②△の形をした折り紙を、点線のとおり△に折って、小さな△になったら、黒い部分を切り取りました。元の紙を開いたとき、どのような形になるでしょうか。右から探して○をつけてください。
③右側を見てください。この中で黒いところが１番広いのはどれでしょうか。○をつけてください。

〈時 間〉 ①②各１分　③２分

問題8　分野：図形（回転図形）

〈準備〉　鉛筆、消しゴム

〈問題〉　**この問題の絵は縦に使用してください。**
上の段を見てください。ゾウの絵を太い線のところを折って、矢印のように裏返すと、右のようにサルの絵が出てきます。では、下のように折って裏返すとサルの絵はどうなるでしょうか。右から探して○をつけてください。

〈時間〉　各１分

問題9　分野：系列

〈準備〉　鉛筆、消しゴム

〈問題〉　ここに並んでいる絵は、あるお約束で、順番に並んでいます。□のところには、下のどの絵が入るでしょうか。描いてある絵に○をつけてください。

〈時間〉　各15秒

問題10　分野：記憶（見る記憶）

〈準備〉　鉛筆、消しゴム

〈問題〉　（問題10－１の絵を30秒見せる。時間になったら10－２の絵と交換する）
①電車があったところに△を書いてください。
②左から２番目、上から１番目にあった絵に○をつけてください。
③ウサギの右隣にあった絵に×をつけてください。
④くだものの絵はいくつありましたか。右下の□に、その数だけ○を書いてください。

〈時間〉　各30秒

問題11　分野：推理思考

〈準備〉　鉛筆、消しゴム

〈問題〉　**この問題の絵は縦に使用してください。**
上の絵を見てください。サイコロを矢印の方向に転がして移動させます。旗のところに来たとき、上になるサイコロの模様はどれでしょうか。下から選んで○をつけてください。

〈時間〉　２分

問題12　分野：常識（生活常識）

〈準備〉　鉛筆、消しゴム

〈問題〉　左側の絵と、真ん中の絵、そして右側の絵を見てください。関係のある絵を、それぞれ線で結んでください。

〈時間〉　１分

問題13　分野：数量（たし算・ひき算、数を分ける）

〈準備〉　鉛筆、消しゴム

〈問題〉　①○は△より２つ多いです。○はいくつあるでしょうか。その数だけ左の□に○を書いてください
②△は○より４つ多いです。○はいくつあるでしょうか。その数だけ真ん中の□に○を書いてください。
③バナナを10本にするには、あと何本あればよいでしょうか。その数だけ右の□に○を書いてください。
④スイカを３人で分けると１人何個もらえますか。その数だけスイカに○をつけてください。
⑤サクランボを３人で同じ数ずつ分けると、何個あまるでしょうか。その数だけサクランボに○をつけてください。

〈時間〉　各15秒

問題14　分野：間違い探し

〈準備〉　鉛筆、消しゴム

〈問題〉　左の絵と右の絵は同じ絵ですが、３か所違うところがあります。違うところを見つけて、右の絵に○をつけてください。

〈時間〉　１分

問題15　分野：図形（位置の移動）

〈準備〉　鉛筆、消しゴム

〈問題〉　上の５つの例を見てください。動物たちは矢印のとおりに動きます。ねずみが先に動きますが、ほかの動物たちにつかまらないようにします。ねずみはどこへ行けばよいでしょうか。その場所に○を書いてください。

〈時間〉　３分

問題16　分野：数量（数のやりとり）

〈準備〉　鉛筆、消しゴム

〈問題〉　左側の例を見てください。白い矢印のところにある○が□に入ります。そして、黒い矢印から出るときは、同じ数ずつになって出てきます。では犬のところの箱には○が何個入るでしょうか。その数だけ○を書いてください。

〈時間〉　2分

問題17　分野：図形（図形分割）

〈準備〉　鉛筆、消しゴム

〈問題〉　左側の図形を分けるとどうなりますか。右側の□の中から、正しい組み合わせのものを選んで、○をつけてください。

〈時間〉　各20秒

問題18　分野：常識

〈準備〉　鉛筆、『ゾウさん』の曲が入った音源、『チューリップ』の曲が入った音源

〈問題〉　今からある曲を流します。その曲にあっているものに○をつけてください。

〈時間〉　各30秒

家庭学習のコツ①　「先輩ママのアドバイス」を読みましょう！

本書冒頭の「先輩ママのアドバイス」には、実際に試験を経験された方の貴重なお話が掲載されています。対策学習への取り組み方だけでなく、試験場の雰囲気や会場での過ごし方、お子さまの健康管理、家庭学習の方法など、さまざまなことがらについてのアドバイスもあります。先輩ママの体験談、アドバイスに学び、ステップアップを図りましょう！

問題19　分野：運動

〈準備〉　なし

〈問題〉　**この問題は絵を参考にしてください。**

15人くらいのチームで行います。待っているときは三角座りをして、呼ばれたら、丸いテープの中に入ります。

①緑色の線の上を歩いて、先の丸いところまで行きましょう。行ったら列の1番後ろについて三角座りをしましょう。
②スキップをしましょう。
③ギャロップをしましょう。ギャロップは、こちらを向いてしてください。丸いところまで行ったらそのままの向きで戻ってください。
④ケンケンをしましょう。黄色いコーンのところで、ケンケンをする足を、反対の足にかえましょう。
⑤左足からケンケンをしましょう。次に右足でします。このように足を順番に入れ替えながら進んでください。

〈時間〉　適宜

問題20　分野：保護者面接

〈準備〉　なし

〈問題〉　**この問題の絵はありません。**

・本校を知ったきっかけと、志願理由を教えてください。
・通学経路と所要時間、交通のマナーの指導方法を教えてください。
・お子さまには、どのように育ってほしいですか。
・社会貢献することについて、お子さまに、どのように伝えていますか。
・当校とお子さまが適応しているところは、どんなところですか。具体的なエピソードを踏まえて教えてください。
・子育てで1番感動したことはなんですか。
・明日が試験日です。お子さまに、どのように声をかけますか。
・12年間一貫教育について、どうお考えですか。
・今、お子さまには、どのような課題がありますか。一つ教えてください。
・家庭学習が始まったとき、どのように取り組みますか。
・最近、お子さまと、どのような遊びをしましたか。
・利他の精神について、どのようにお子さまに教えていますか。また、お子さまは、それについて、どのような反応をしていますか。
・お子さまの夢はなんですか。また、ご両親の夢はなんですか。
・食事のマナーは、どのように指導していますか。
・お子さまの体力をつけるためにやっていることは、どんなことですか。

〈時間〉　10分程度

問題21　分野：保護者作文

〈準備〉　原稿用紙（Ｂ４横／600字詰／縦書き）、下書き用紙
※筆記用具は、鉛筆・シャープペンシル・黒のボールペン・青のボールペン。
辞書やスマートフォンの使用は不可。

〈問題〉　**この問題の絵はありません。**

【作文１】
以下の３つの課題の中から１つ選んで書いてください。
・「子は親の鏡、親は子の鑑」という言葉について、思うところをお書きください。
・「しつけとは、それがいずれ、はずされるものであるという前提に立って行われるべきものだ」という意見について、思うところをお書きください。
・「どんなに不幸を吸っても、吐くのは感謝でありたい」という言葉について、思うところをお書きください。

【作文２】
以下の３つの課題の中から１つ選んで書いてください。
・「エートス（人格、性格）はエトス（習慣）を少し語形変化させることによって得られる」という言葉について、思うところをお書きください。
・「どうして親というのは、子供の自立を望むふりをしながら、その自立を阻むことばかりするのだろう」という言葉に言葉について、思うところをお書きください。
・「見えないところが本物にならないと、見えるところも本物にならない」という言葉に言葉について、思うところをお書きください。

〈時間〉　各１時間

家庭学習のコツ②　「家庭学習ガイド」はママの味方！

問題演習を始める前に、試験の概要をまとめた「家庭学習ガイド（本書カラーページに掲載）」を読みましょう。「家庭学習ガイド」には、応募者数や試験課目の詳細のほか、学習を進める上で重要な情報が掲載されています。それらの情報で入試の傾向をつかみ、学習の方針を立ててから、対策学習を始めてください。

問題1

①

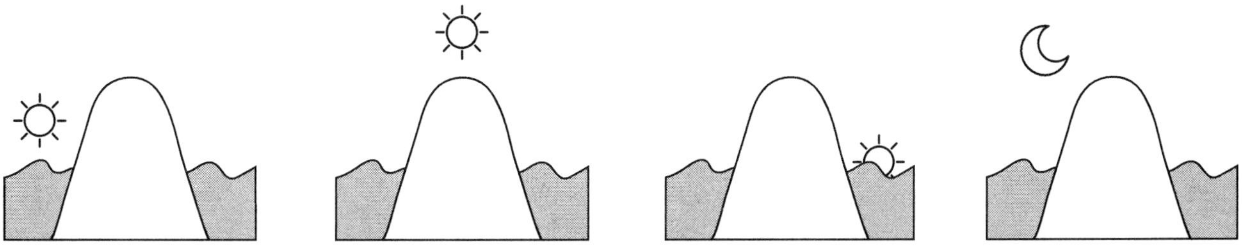

②

③

④

⑤

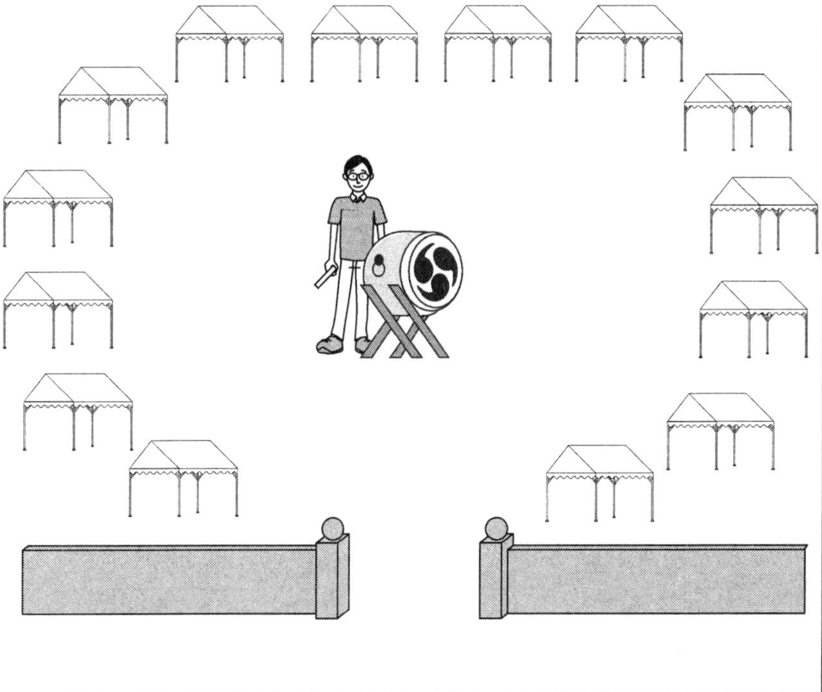

☆洛南高等学校附属小学校

日本学習図書株式会社

☆洛南高等学校附属小学校

2023年 洛南・立命館 過去 無断複製／転載を禁ずる 日本学習図書株式会社

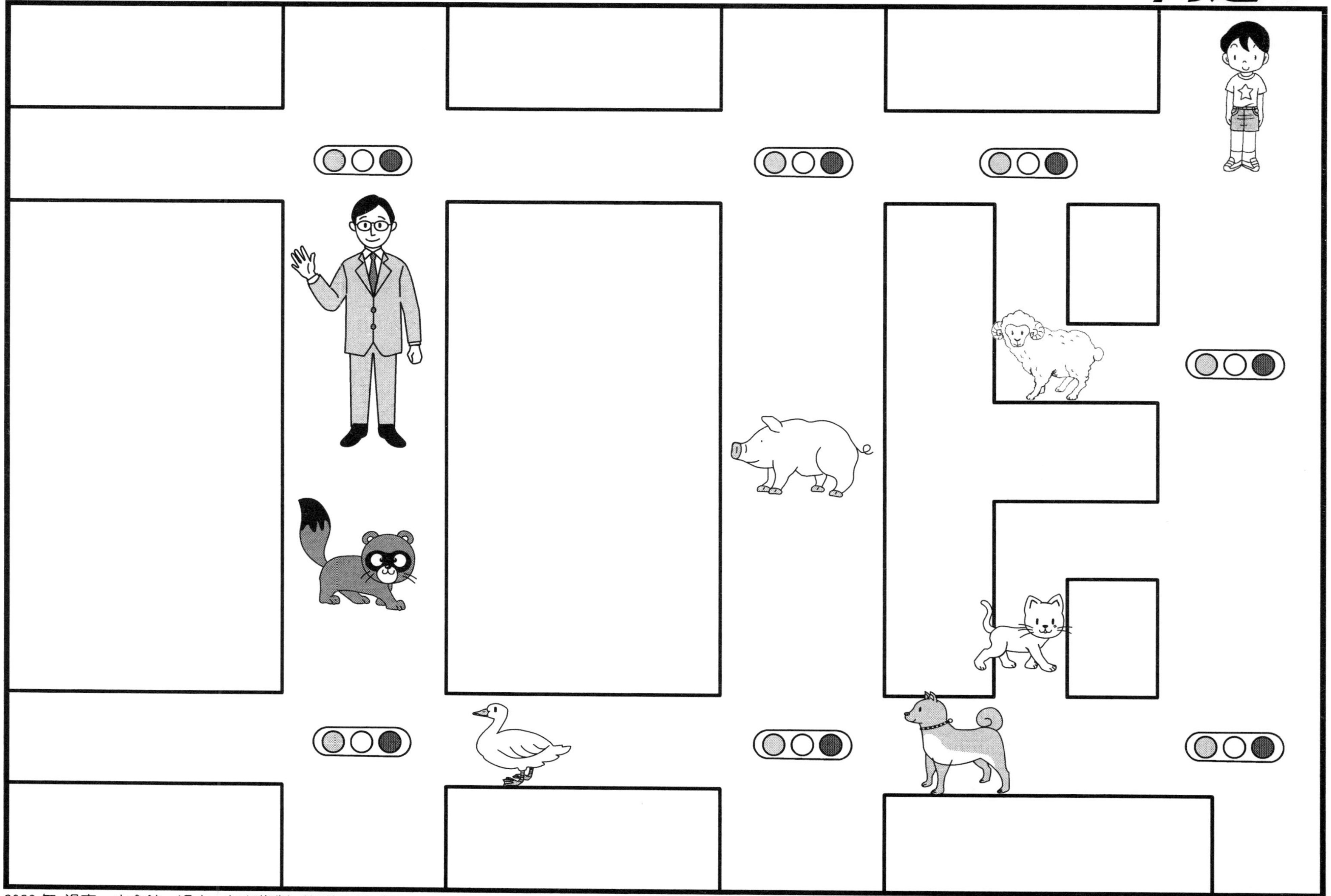

問題3

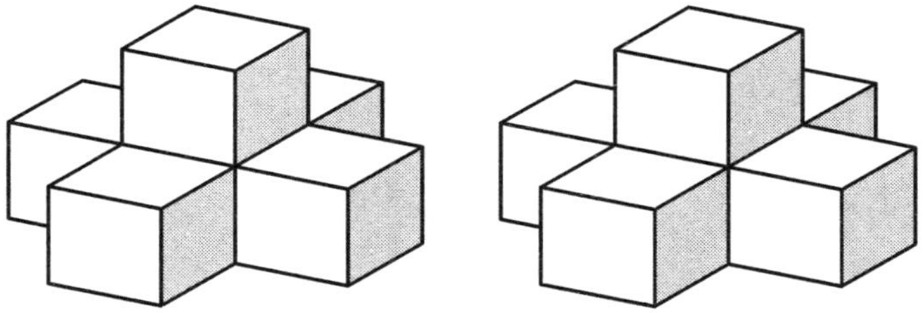

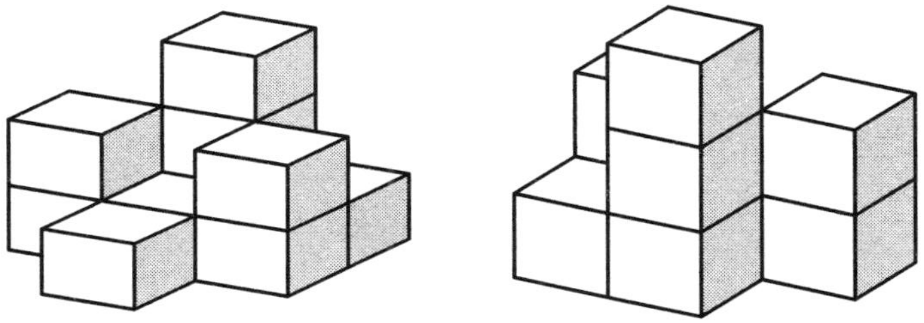

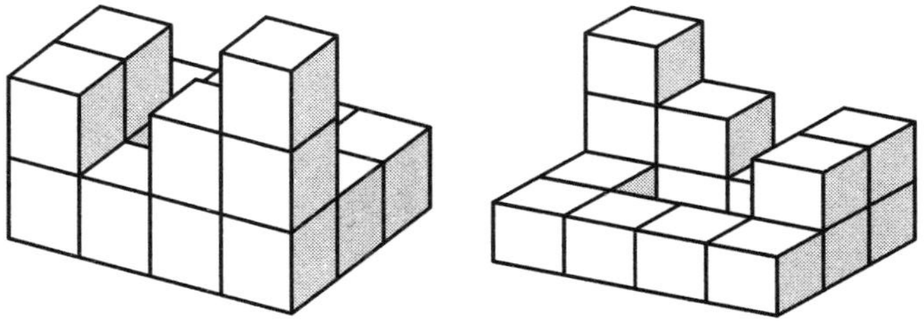

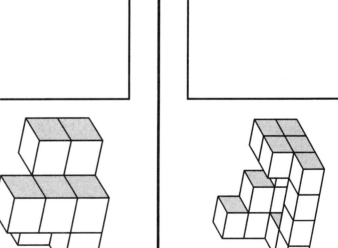

☆洛南高等学校附属小学校

問題４－１

①

②

③

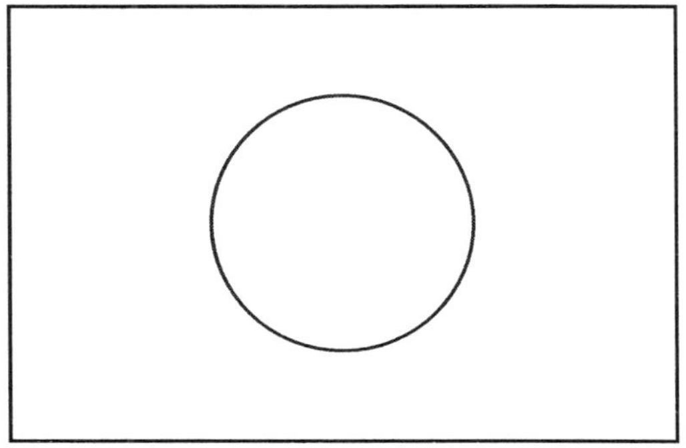

④

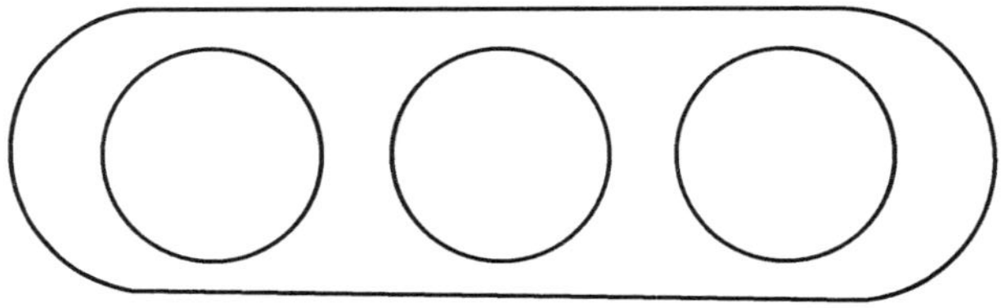

☆洛南高等学校附属小学校

問題 4 − 2

⑤

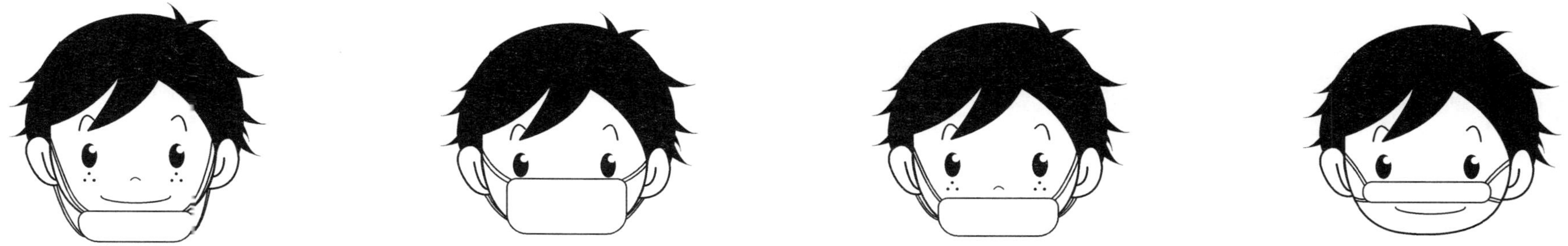

⑥

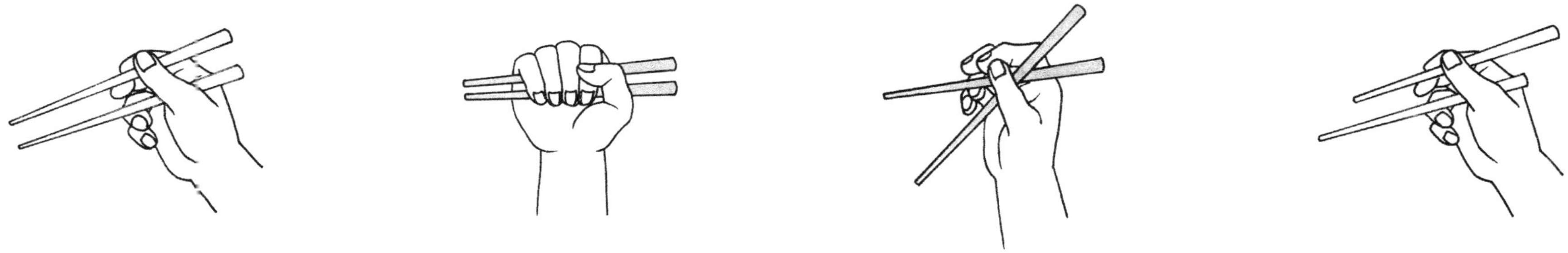

⑦

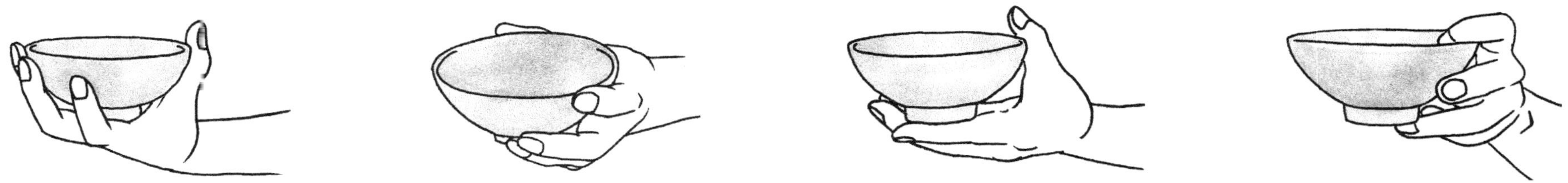

⑧

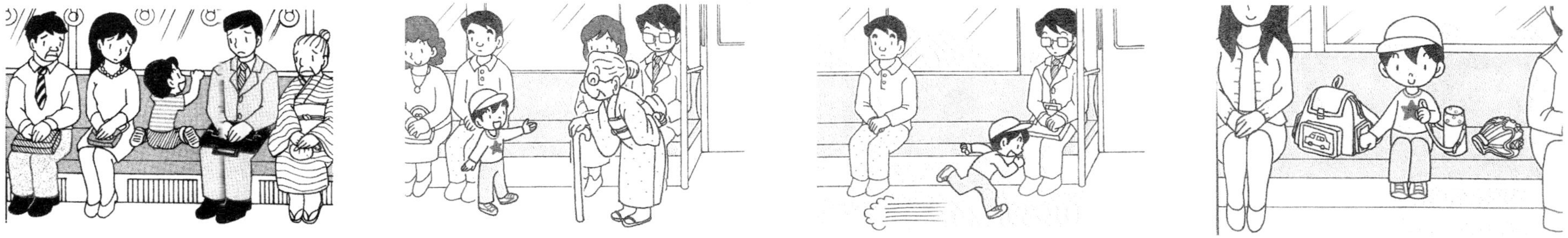

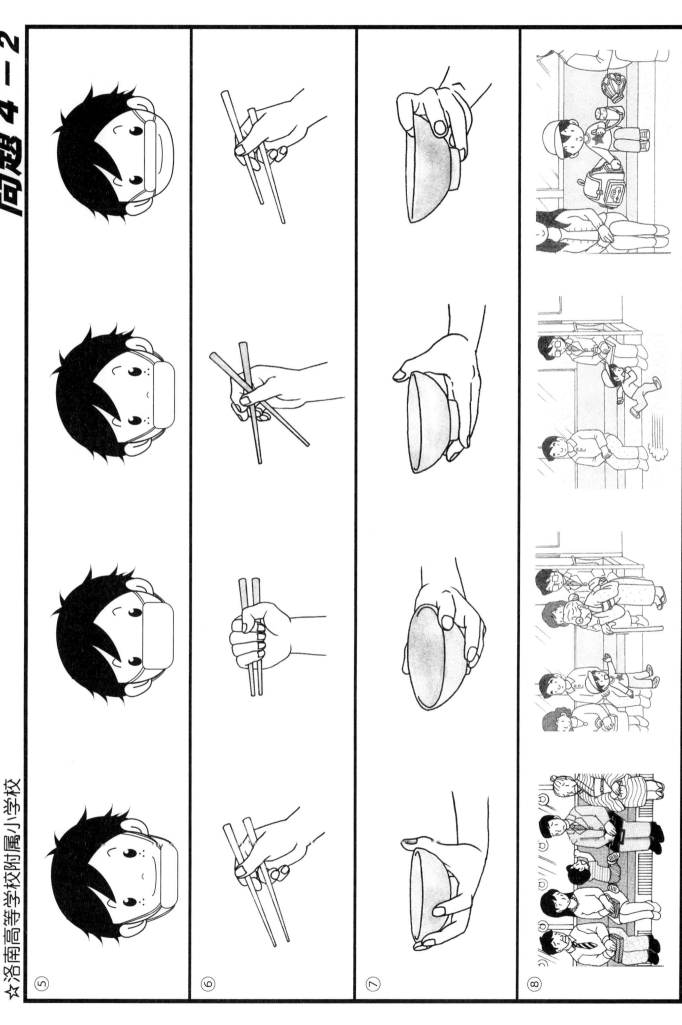

問題5

①

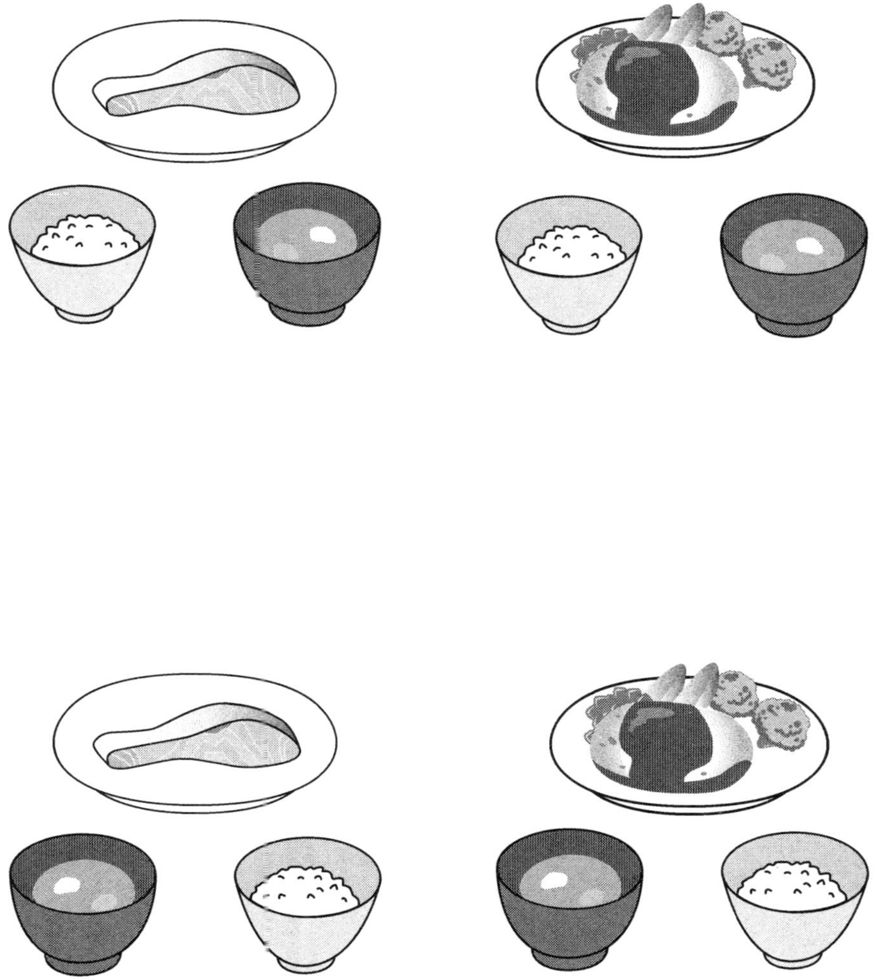

②

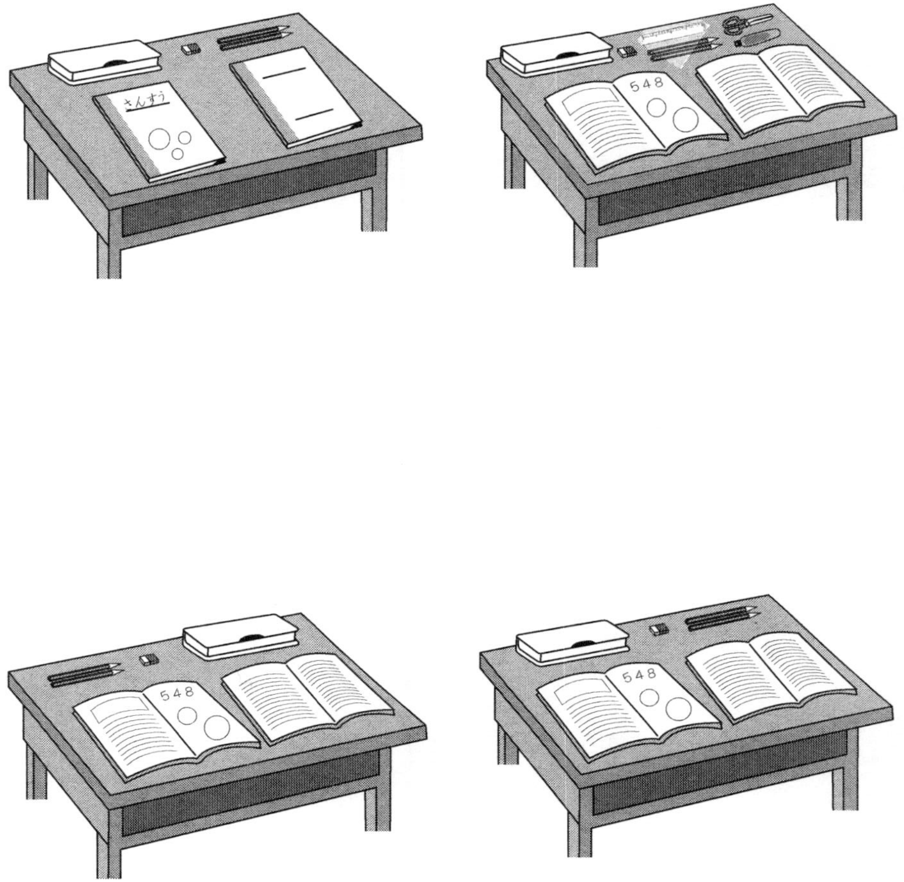

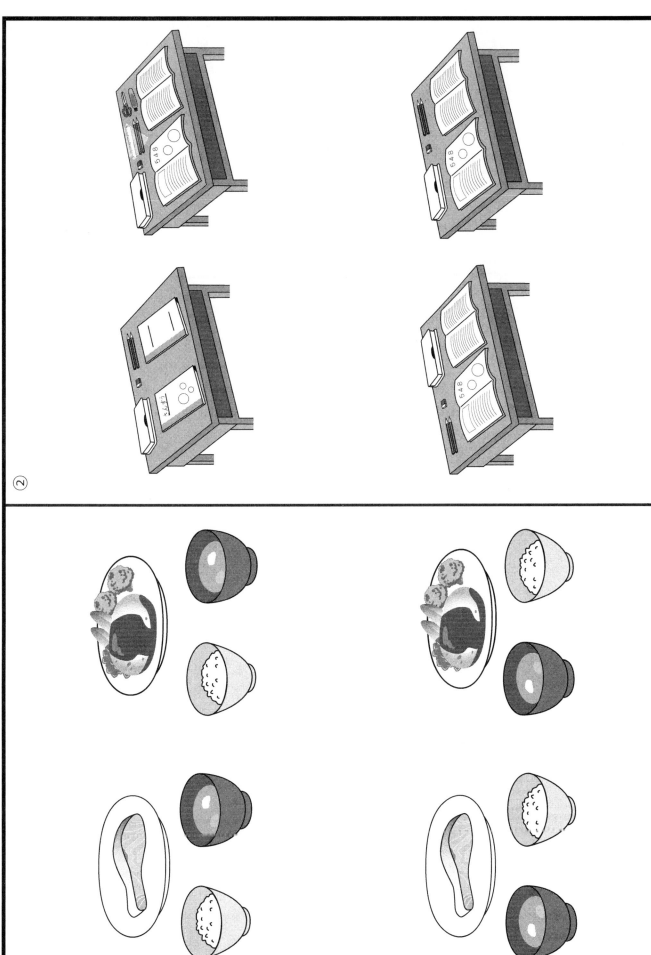

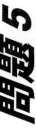

☆洛南高等学校附属小学校

日本学習図書株式会社

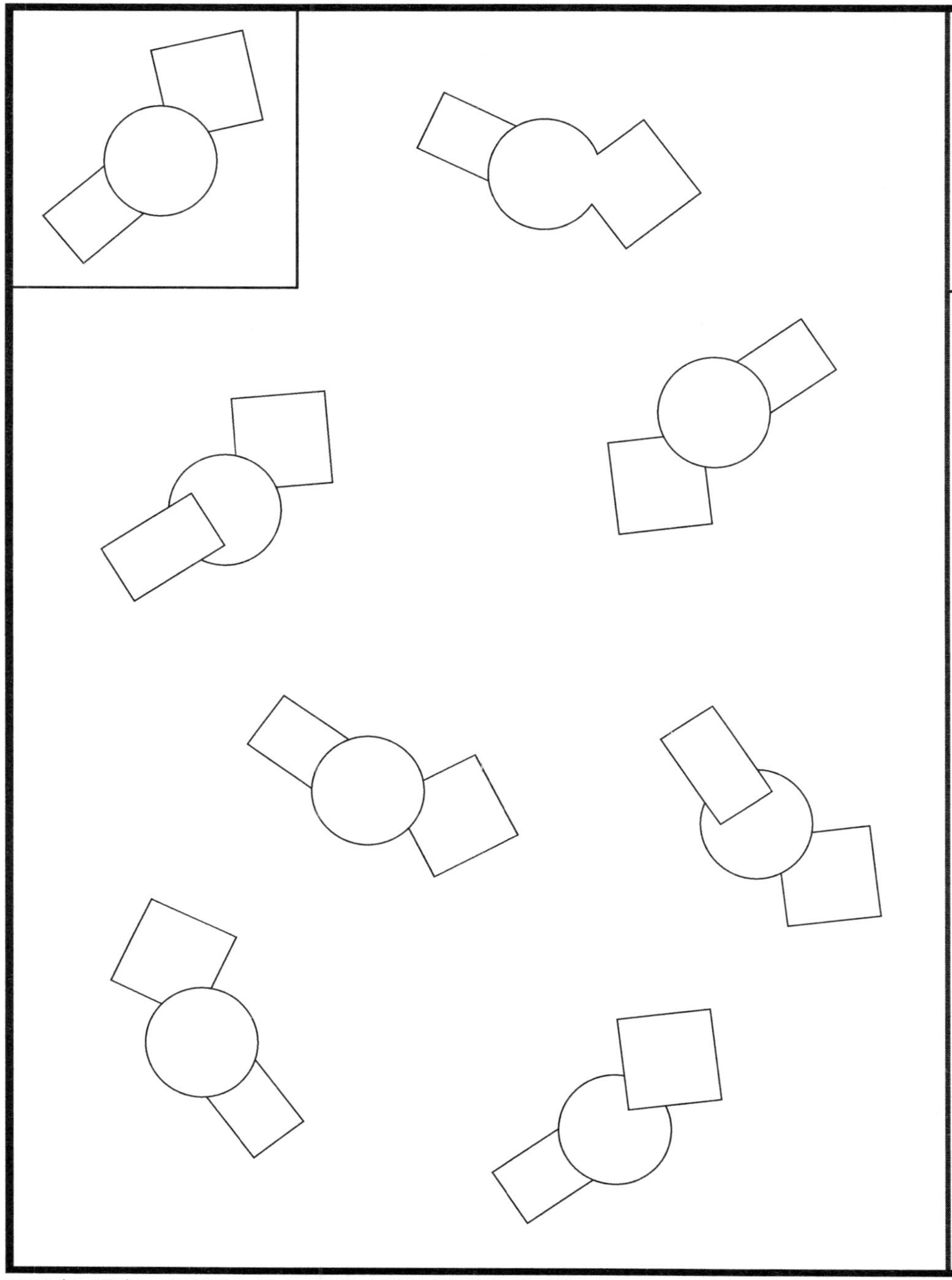

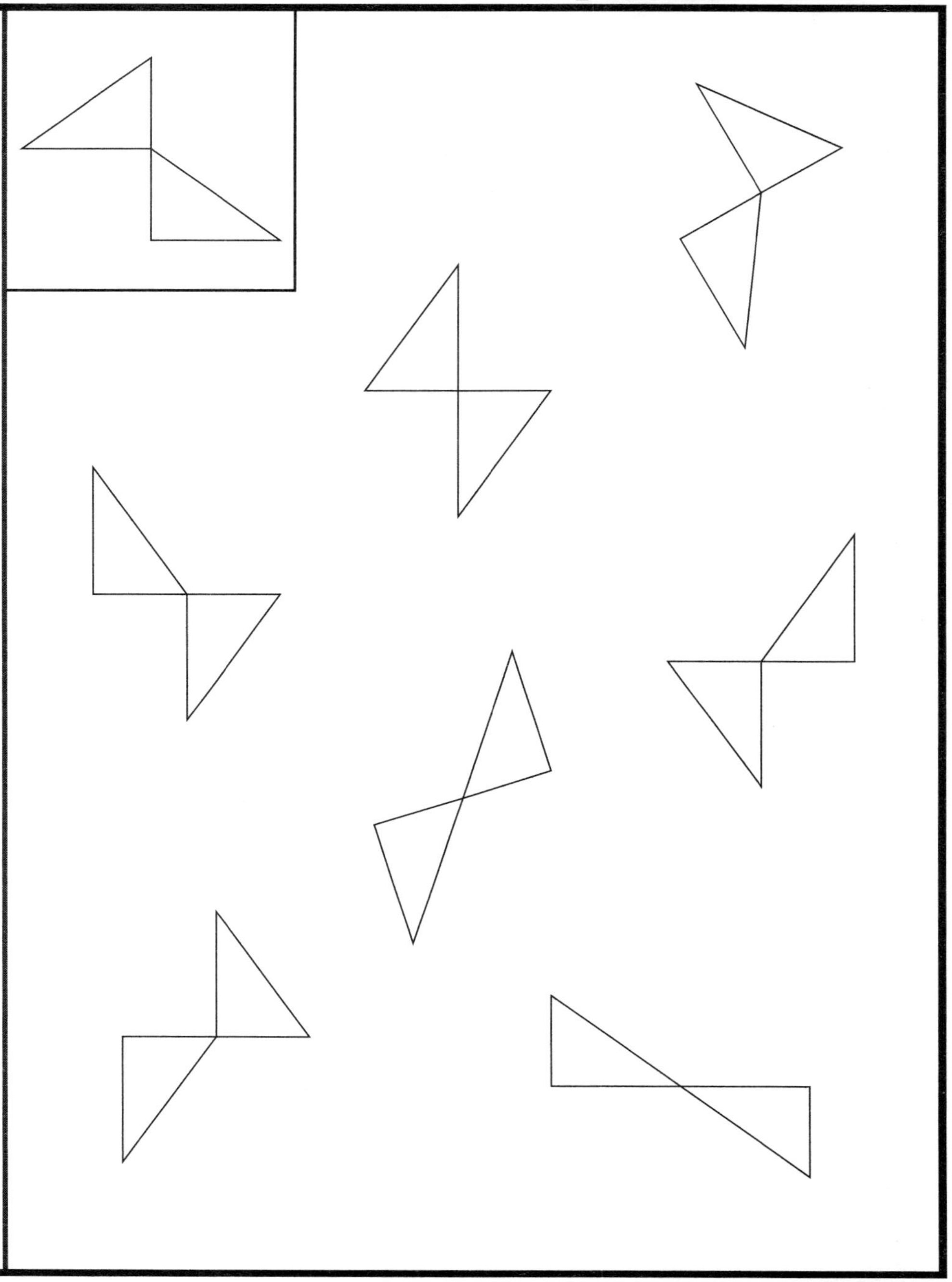

②

☆洛南高等学校附属小学校

①

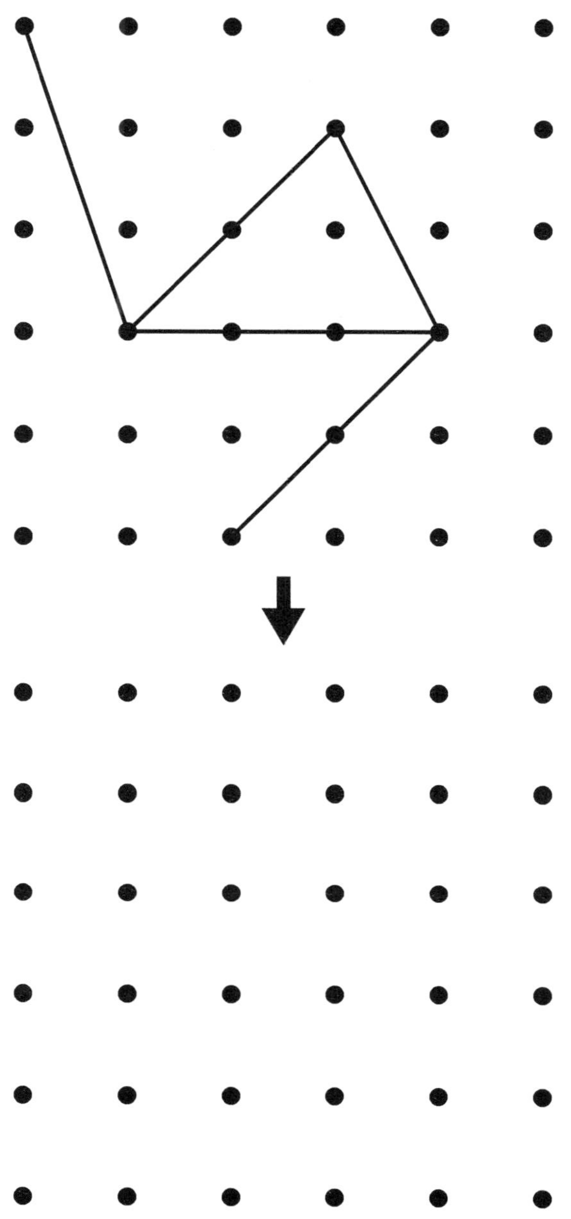

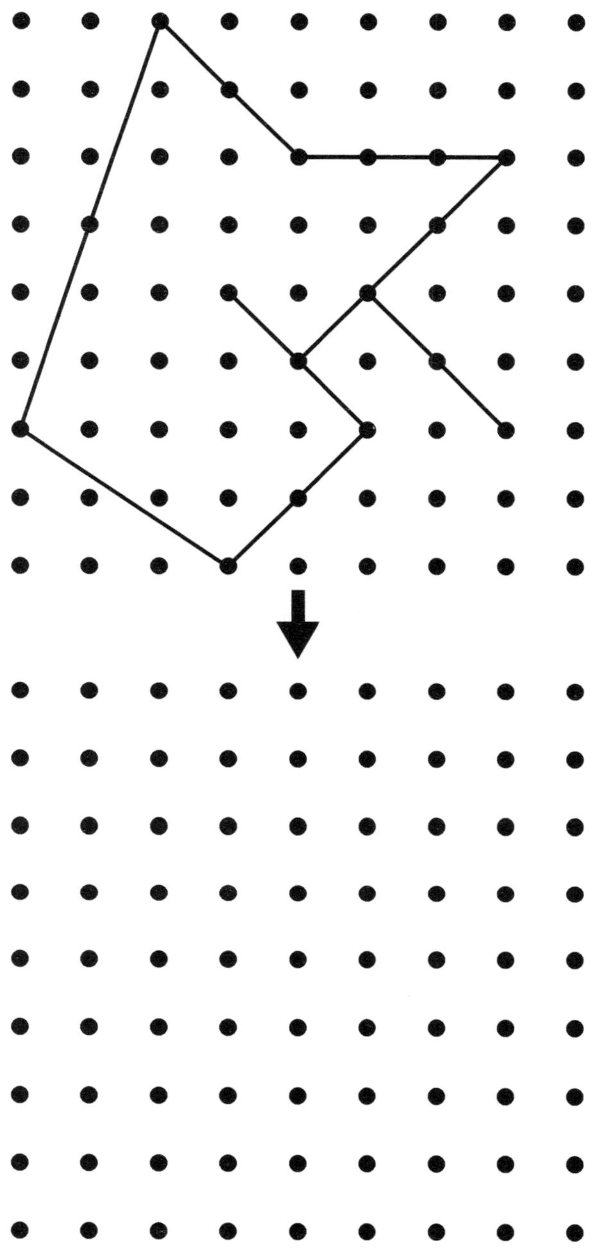

☆洛南高等学校附属小学校

問題 7

①

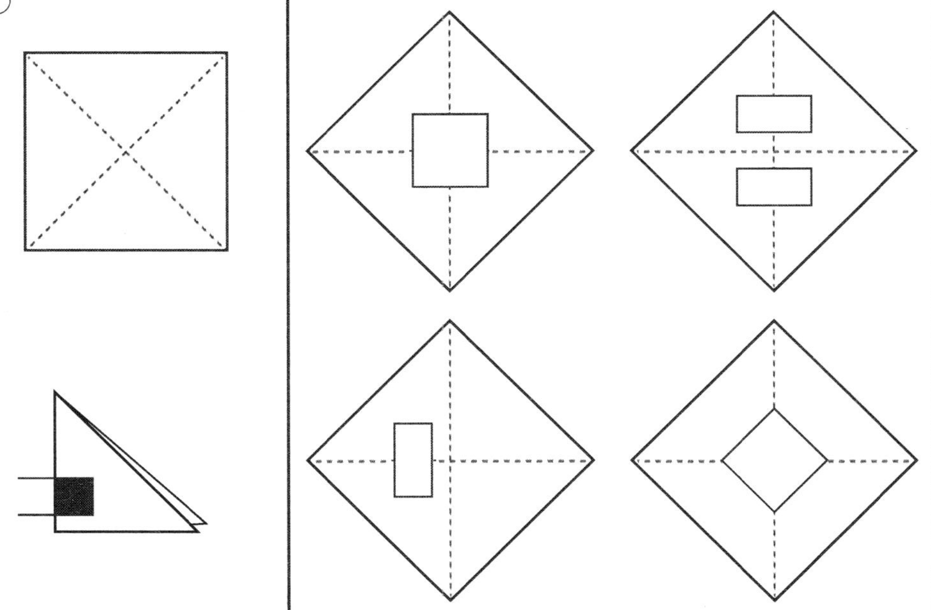

②

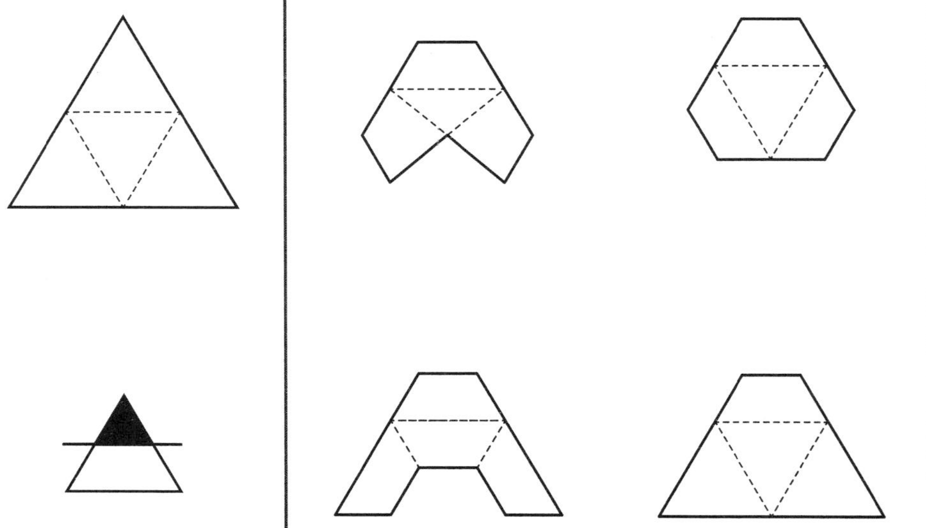

③

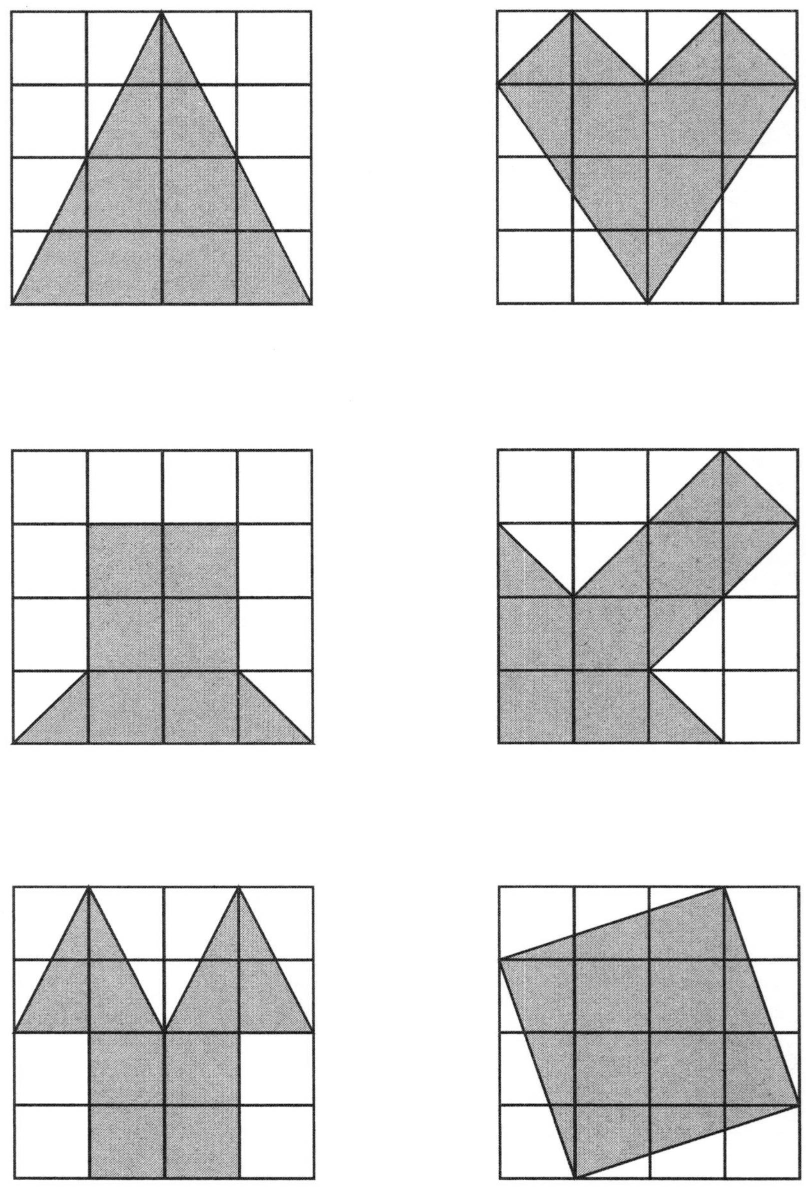

問題 8

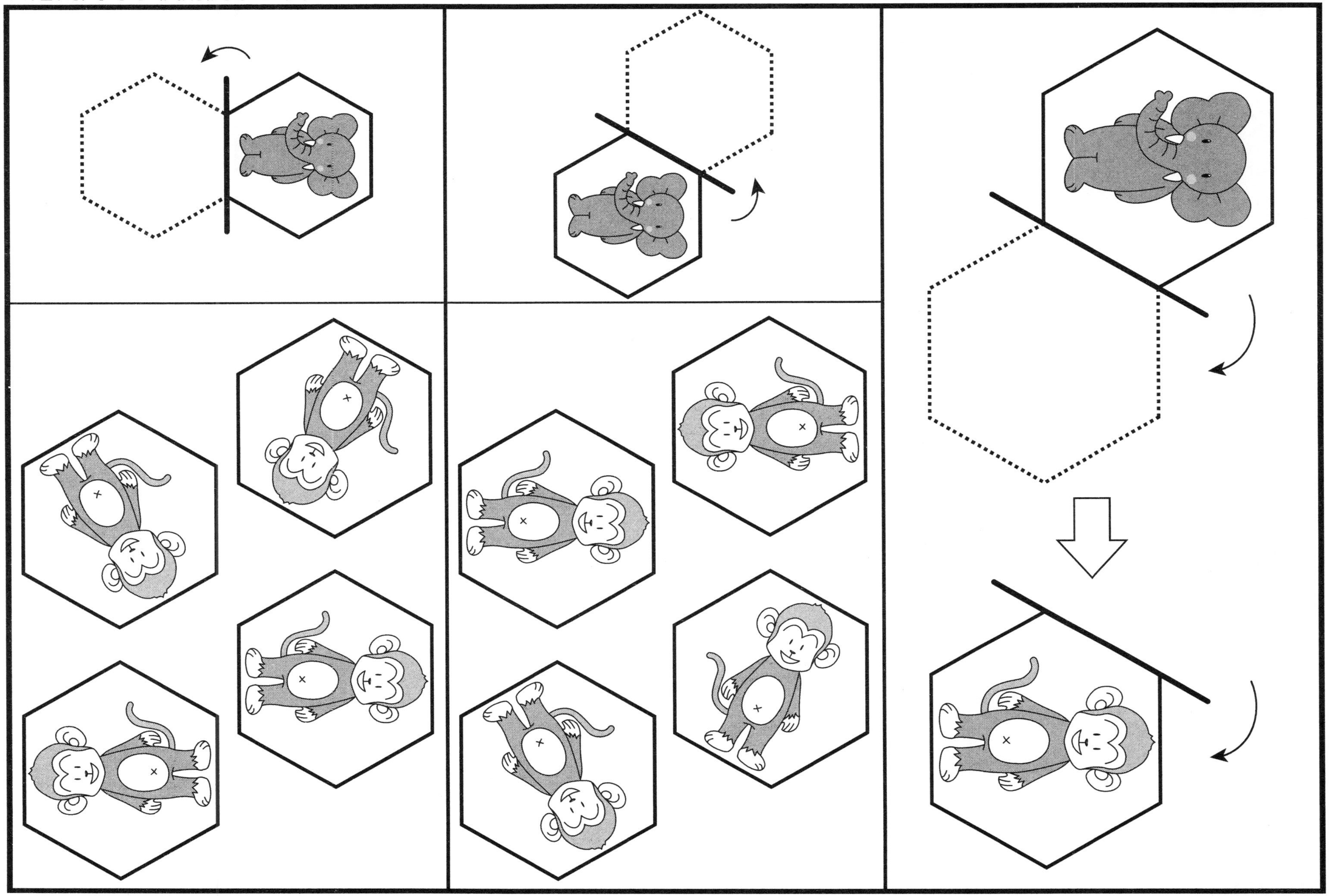

☆洛南高等学校附属小学校

問題9

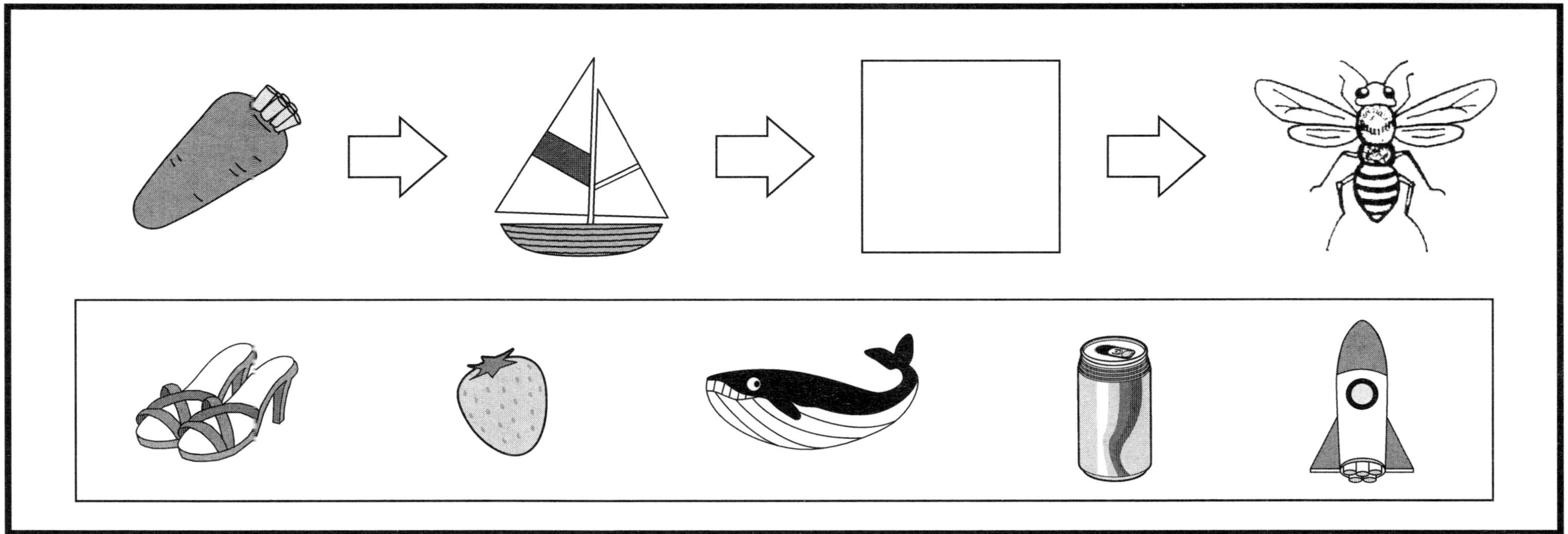

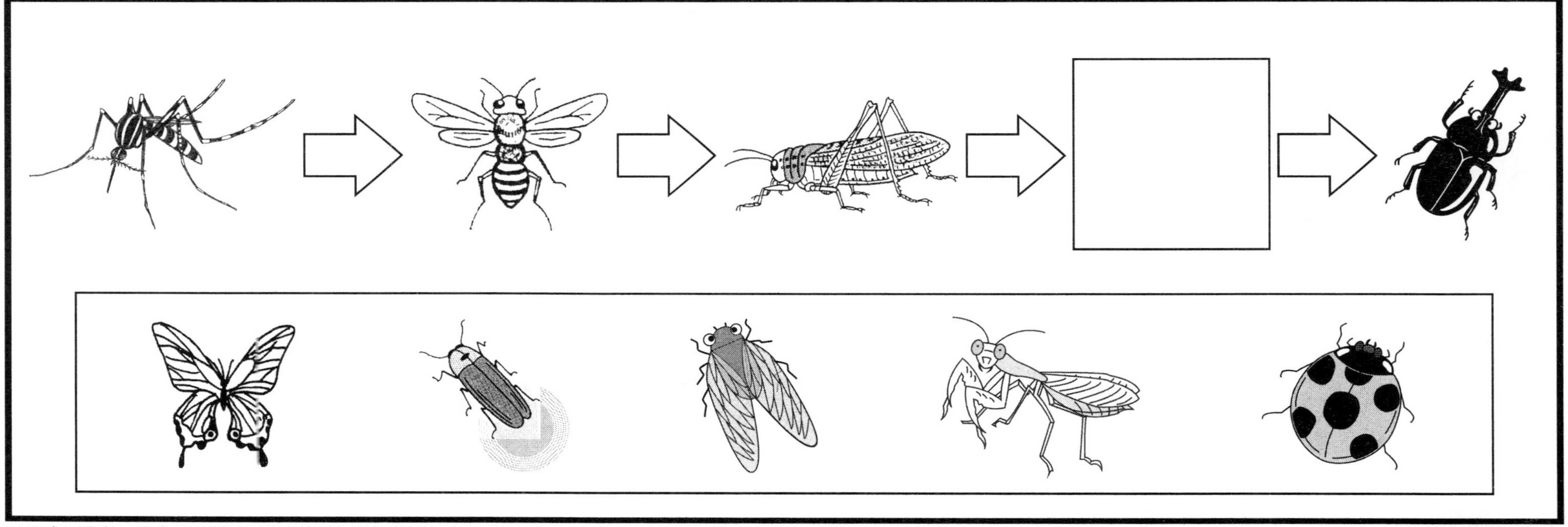

☆洛南高等学校附属小学校

2023 年 洛南・立命館　過去　無断複製／転載を禁ずる　　　日本学習図書株式会社

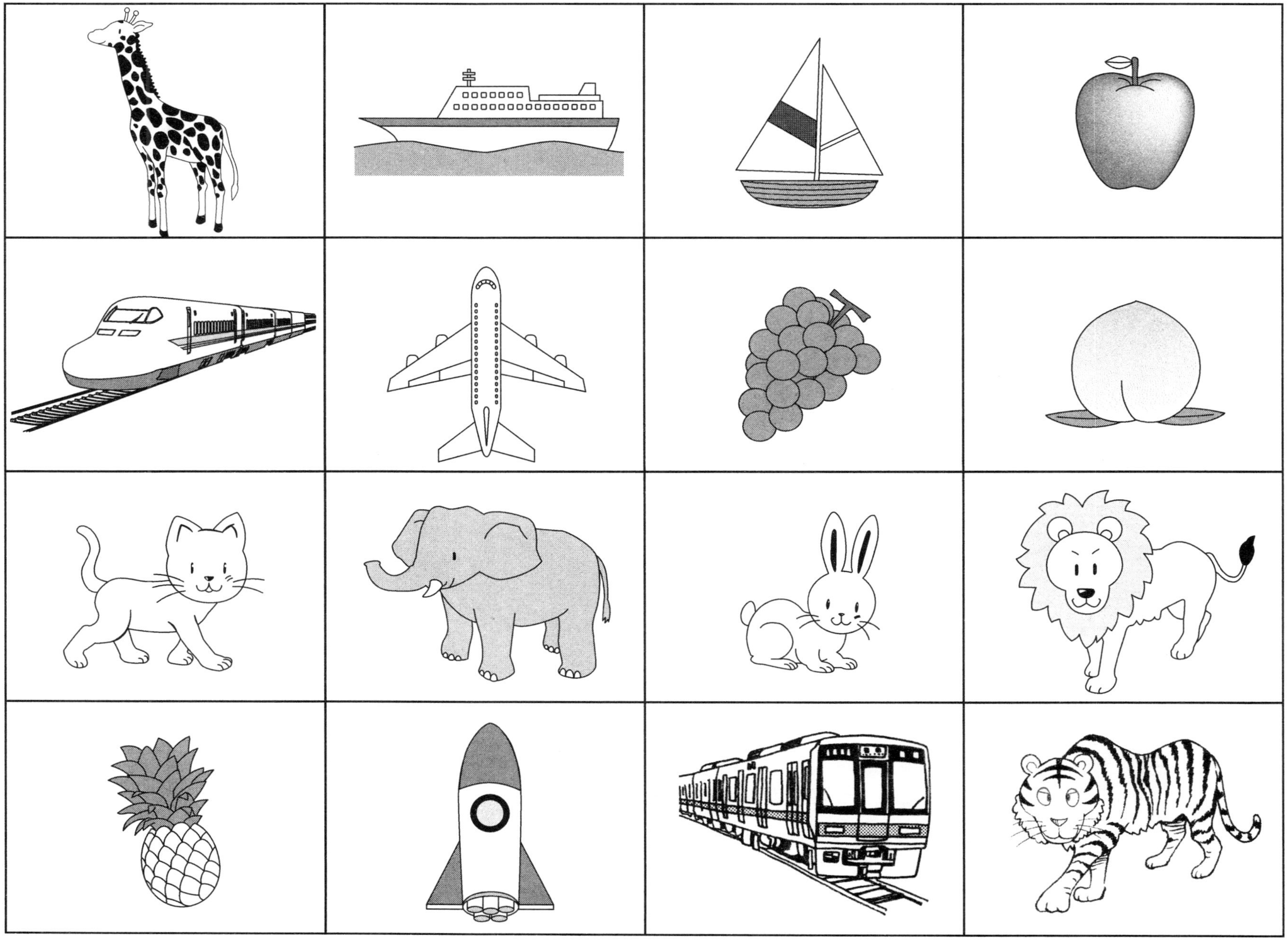

問題１０－２

①

②

③

④

問題１１

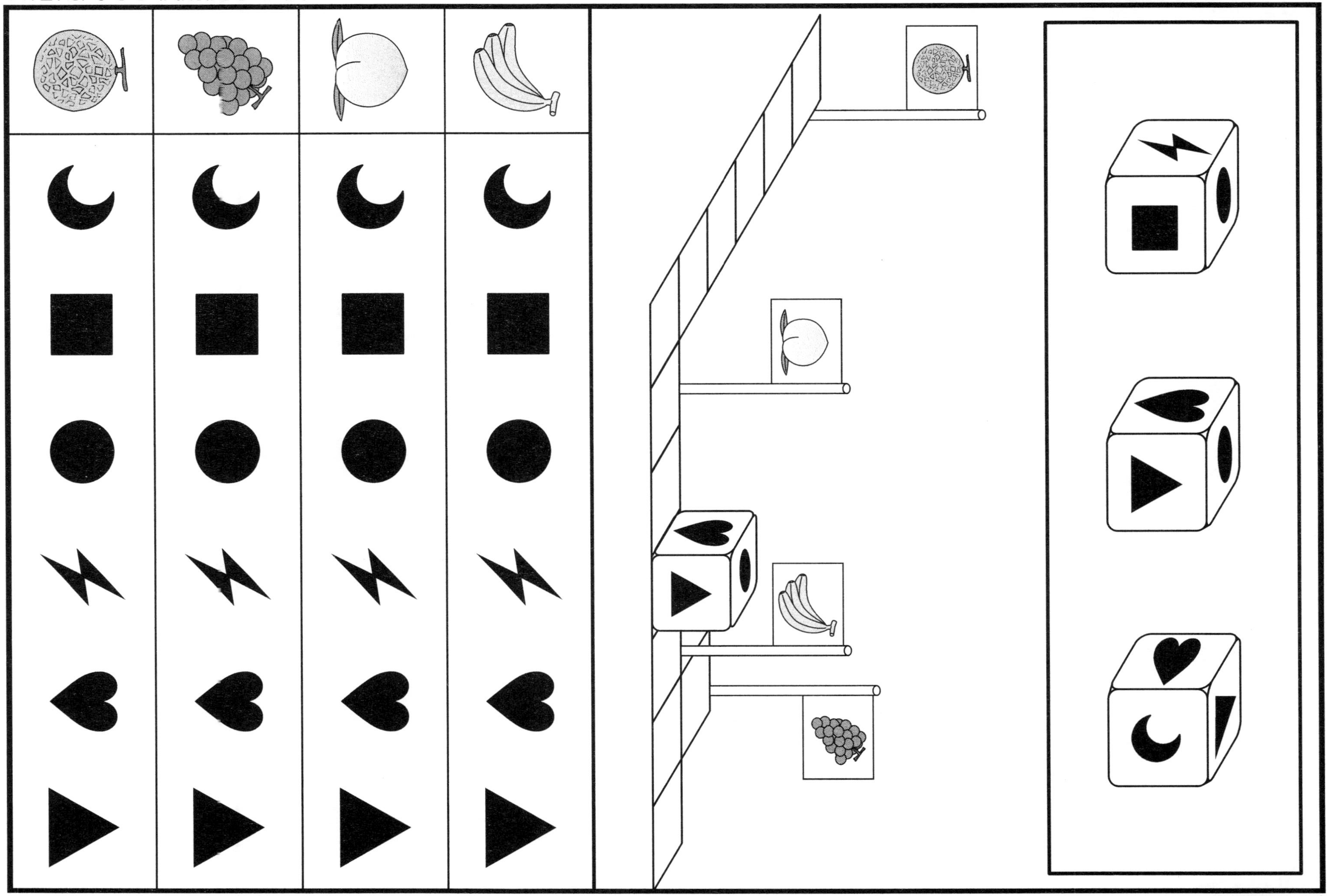

☆洛南高等学校附属小学校

日本学習図書株式会社

2023年 洛南・立命館　過去　無断複製／転載を禁ずる

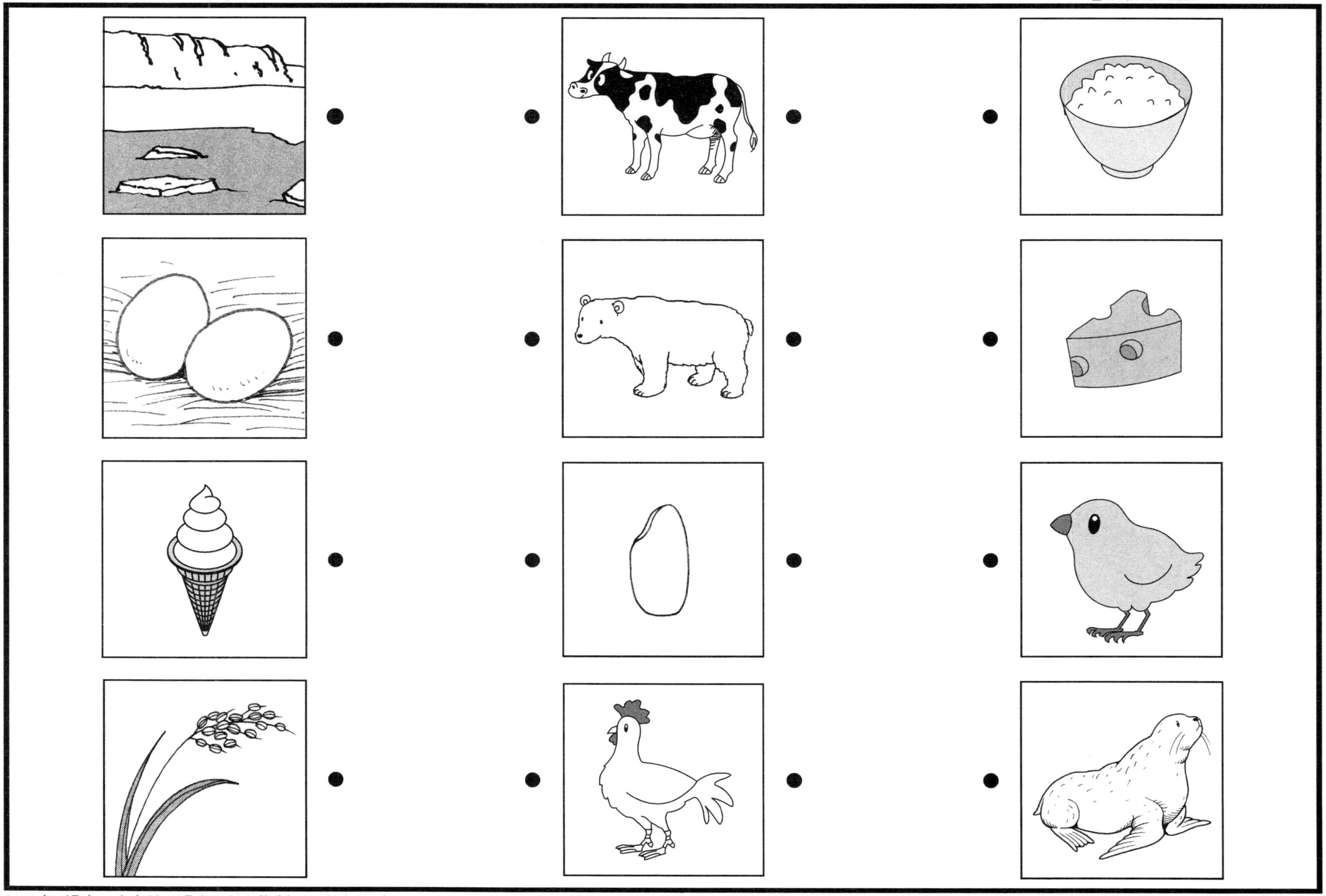

問題１３

①
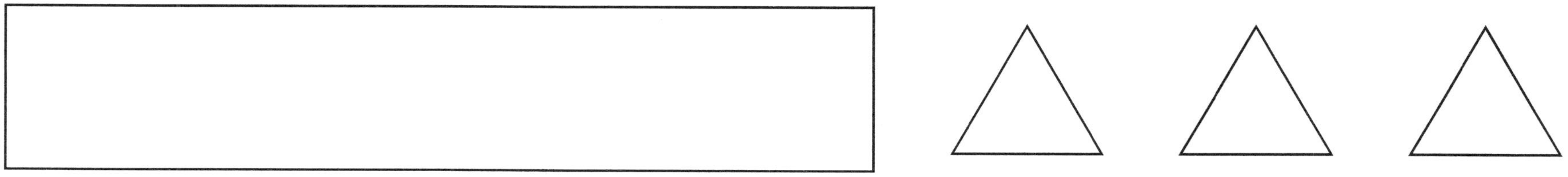

②
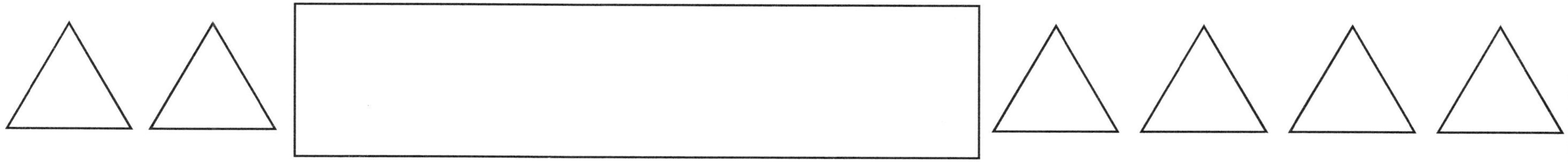

③
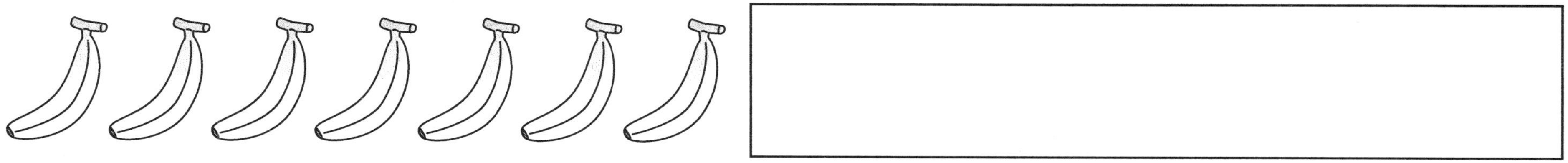

④

⑤

日本学習図書株式会社

問題１４

日本学習図書株式会社

☆洛南高等学校附属小学校

日本学習図書株式会社

2023 年 洛南・立命館 過去 無断複製／転載を禁ずる

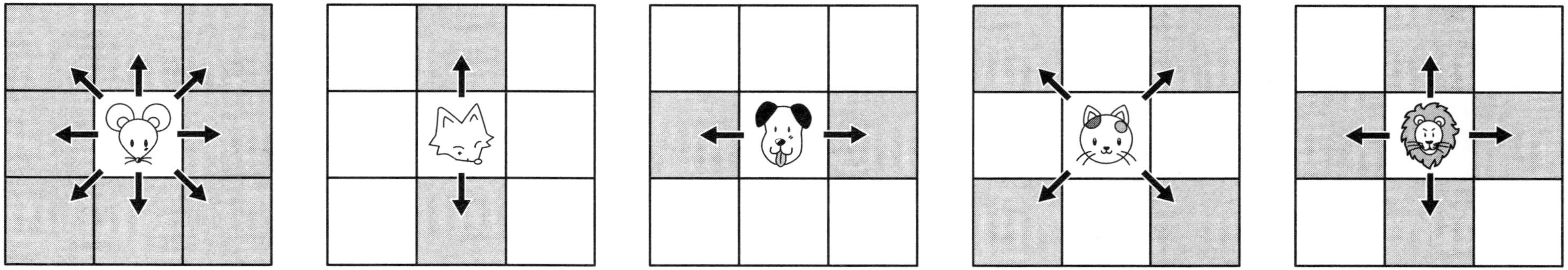

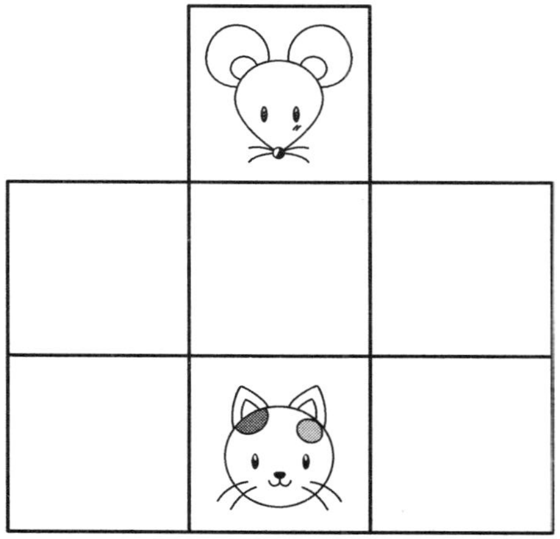

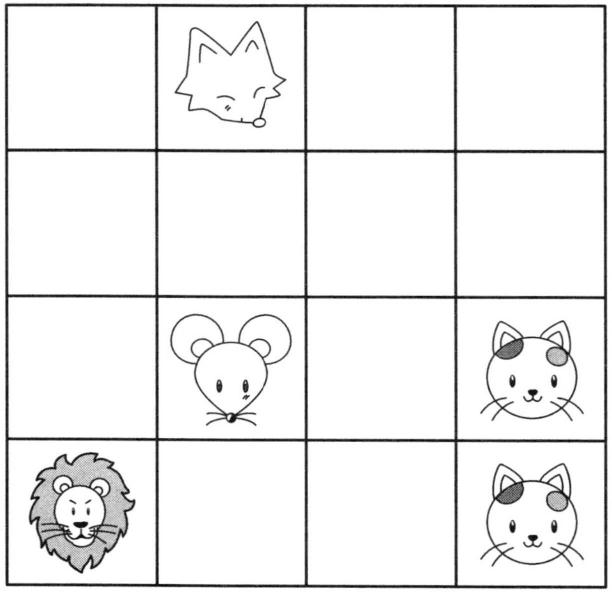

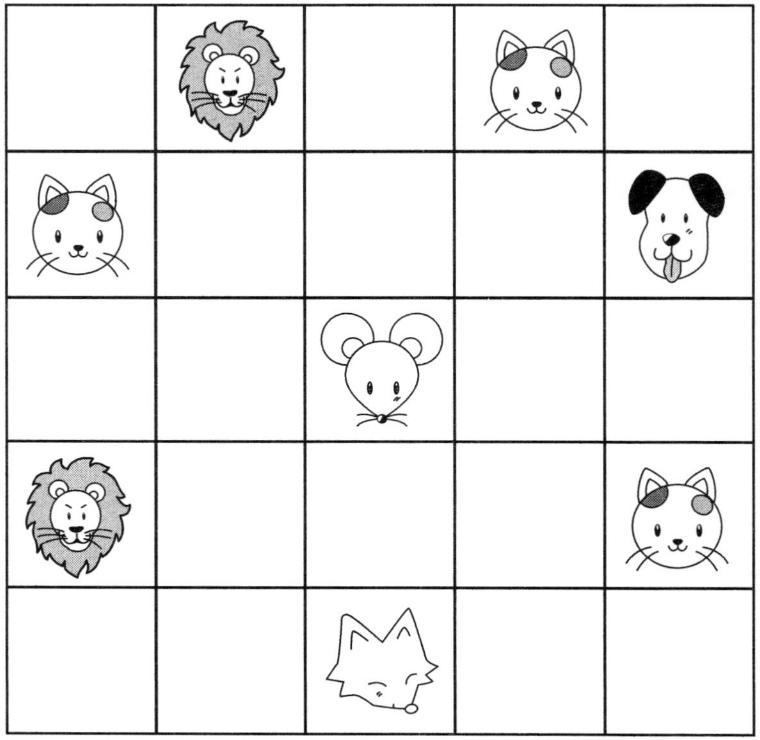

問題１６

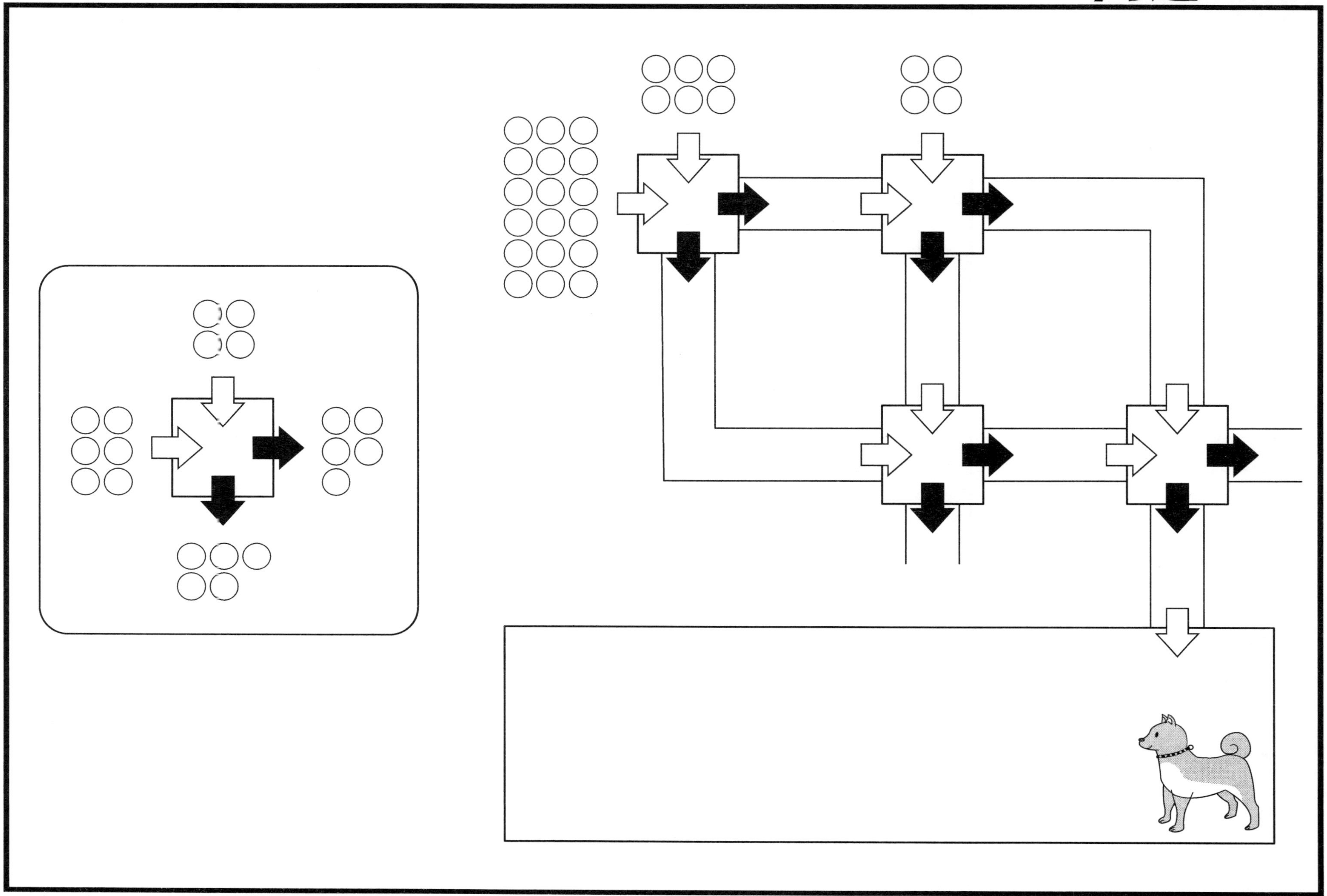

☆洛南高等学校附属小学校

日本学習図書株式会社

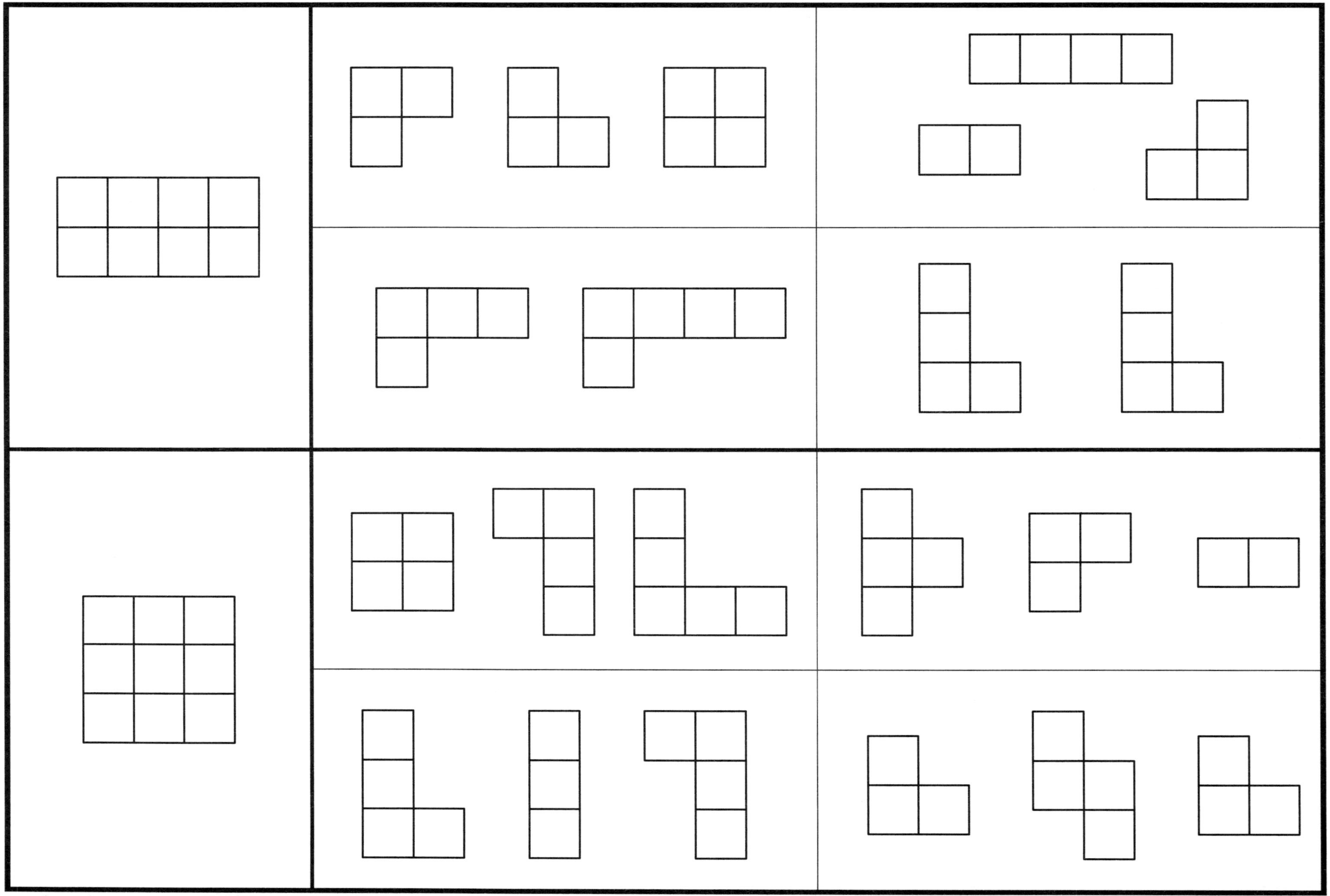

☆洛南高等学校附属小学校

問題１８

問題１９

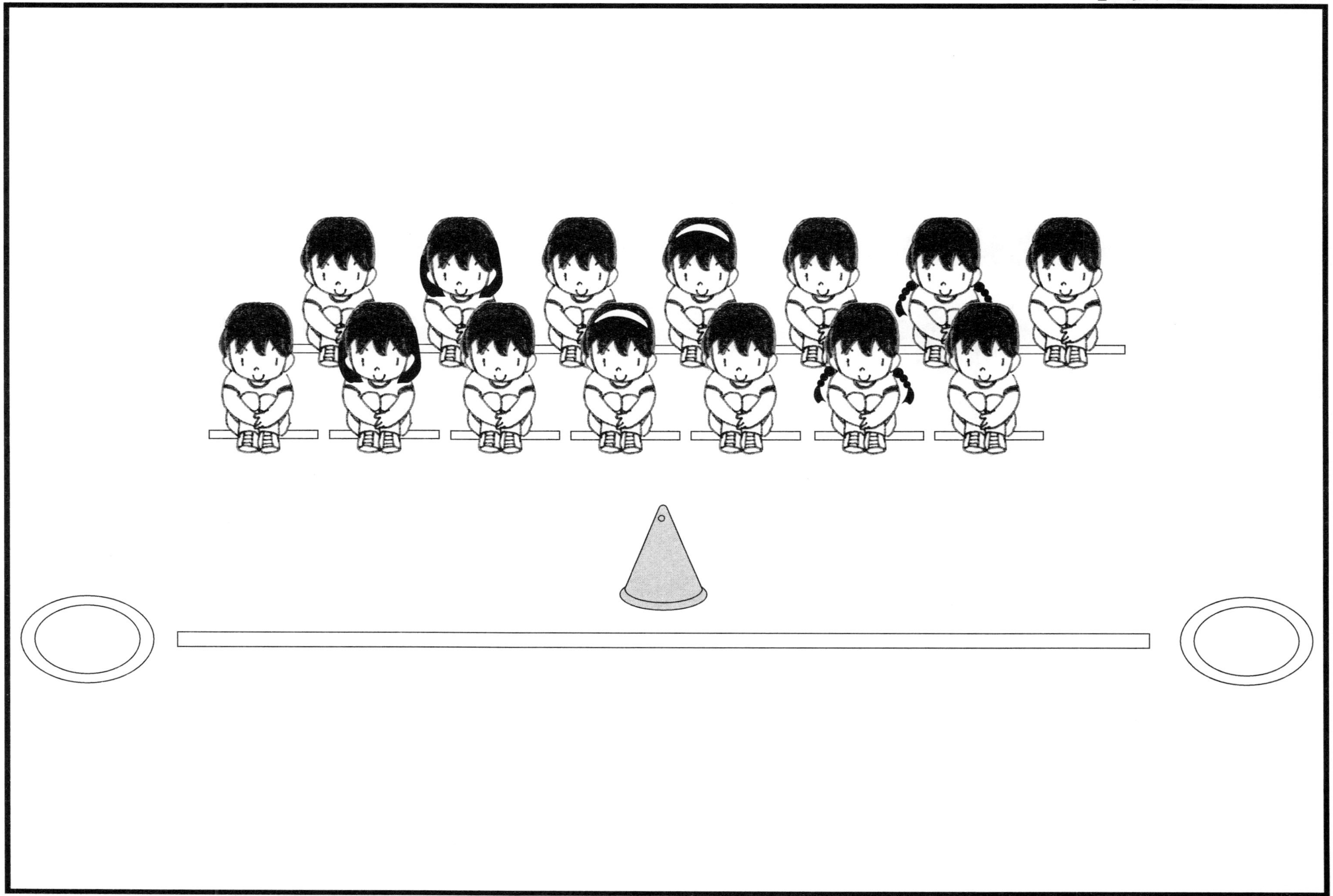

2022年度入試
解答例・学習アドバイス

解答例では、制作・巧緻性・行動観察・運動といった分野の問題の答えは省略されています。こうした問題では、各問のアドバイスを参照し、保護者の方がお子さまの答えを判断してください。

問題1　分野：記憶（お話の記憶）

〈解答〉　①右から２番目（夕方）　②左端（はがき）
③左から２番目（輪投げ）、右端（綿菓子）④４つ　⑤左から６つ目

お話の内容、量、共に、特別難しいものではありません。しかし、設問を見ると、設問③以降において、力のあるお子さまと、そうでないお子さまとで、差が生じる問題だと感じます。お話の記憶の問題をしていると、ここが出てきそうだという箇所があると思います。たとえば、数、色、登場人物、順番などですが、設問③以降は、そのような内容ではなく、うっかり聞き流してしまいそうな部分を質問しています。そのため、差が生じるのです。しっかりと細部まで聞いていないと記憶に残っていないからです。こうした問題の対策としては、読み聞かせの量を増やし、その上で問題を解くことですが、問題を解く際も、当校の設問のように、あまり記憶に残らないような内容を質問してみてください。また、お店の場所についても、しっかりと把握ができていたでしょうか。当校の入試では、難易度の低い問題は確実に正解した上で、難易度の高い問題や、盲点を突いた問題などを正解しているお子さまが、合格になっています。

【おすすめ問題集】
１話５分の読み聞かせお話集①・②、お話の記憶問題集　中級編・上級編、
Ｊｒ・ウォッチャー19「お話の記憶」

家庭学習のコツ③　効果的な学習方法～問題集を通読する

過去問題集を始めるにあたり、いきなり問題に取り組んではいませんか？　それでは本書を有効活用しているとは言えません。まず、保護者の方が、すべてを一通り読み、当校の傾向、ポイント、問題のアドバイスを頭に入れてください。そうすることにより、保護者の方の指導力がアップします。また、日常生活のさまざまなことから、保護者の方自身が「作問」することができるようになっていきます。

問題2　分野：位置の移動

〈解答〉　イヌ、アヒル、タヌキ

言われた通りに移動ができたでしょうか。こうした位置の移動に関する問題は、移動する人を自分に置き換えて話を聞くと理解しやすいと思います。道を移動する問題の場合、左右は進んでいる方向によって変わります。このことを理解していないと、進む方向が逆になってしまいます。では、こうしたことをどのようにして習得していけばよいのでしょう。一番のおすすめは、床にマス目を作り、自分が実際に移動することです。そうすることで、向きによって左右が違うことが把握できます。それができない場合、人形などを自分の代用として移動させていきます。このとき、正面を進行方向に向けることを忘れないでください。まずはこのように移動をしっかりとした上で、出会った動物を解答します。お子さまが、出会った動物をすぐに解答できたか、解答の見直しをしていたかをしっかりと見定め、対策を講じてください。

【おすすめ問題集】

Ｊｒ・ウォッチャー７「迷路」、47「座標の移動」

問題3　分野：図形（積み木の数）

〈解答〉　①6　②10　③15

この問題は、全問正解してほしい問題の１つです。左に描いてある積み木の絵は、反対側から見た積み木と説明されていますが、よく観察すると、両方の積み木を数えなくても、片側の積み木をしっかりと数えることで、解答を出すことができます。一見、積み木を数える問題のようですが、土台として必要な力は観察力になります。２つの積み木をただ見比べるのではなく、片方を数えるだけでも、解答を出すことができるということが発見できるかどうかがポイントとなります。この問題に関して言えば、一番上の問題はどの方向から見ても同じ見え方になります。その場合、片方を数えればいいということがわかります。そのことが、他の問題にも応用可能かどうかに気付くかは、観察力に左右されます。実際、積み木を数える問題は、見えない部分の積み木の存在を理解できているかどうかが重要です。そして、これは実際に積み木を積むことで対策を講じることが可能です。できなかった場合、教えるのではなく、実際に操作し、お子様自身で解答が発見できるようにしましょう。

【おすすめ問題集】

Ｊｒ・ウォッチャー16「積み木」、53「四方からの観察　積み木編」

問題4　分野：常識（日常生活、マナーとルール）

〈解 答〉　①○：右から２番目、△：右端　②～④省略　⑤左から２番目　⑥左端
⑦右から２番目　⑧左から２番目

こうした他者との関わりに関する出題は、頻出問題の１つといえます。特に、近年では、コロナ禍によって自粛生活があったり、行動に制限がかけられていたりと、生活体験量が不足していると言われています。その影響がこうした問題に表れています。保護者の方にとっては何でもない易しい問題でも、経験の乏しいお子さまにとっては難問となることは、多々あります。設問の②以降は、当校の特徴的な出題の１つといえるでしょう。日常生活における何気ないことに関して問題化し、出題してきます。以前、ストローの屈折に関する出題がありましたが、この類の出題とみてよいと思います。このような問題は、保護者の言葉かけの多少や有無が影響する問題です。お子さまの興味関心は、お子さま自身によるものもあります。しかし、保護者の方がきっかけを与えたり、仕掛けをしたりすることが多くを占めるでしょう。当校はこうした出題を通して、保護者とお子さまとの会話の影響、重要性を伝えています。出題者の意図を汲み取り、日常生活に落とし込んで経験を重ねてください。この問題に関して言えば、保護者力の差が表れる問題です。当校としては全問正解が当たり前と位置づけている問題です。

【おすすめ問題集】
Ｊｒ・ウォッチャー12「日常生活」、56「マナーとルール」

問題5　分野：話の聞きとり

〈解 答〉　①左上　②右下

この問題も、問題４と同様に、全問正解が求められている問題です。①は、先ほどの箸の持ち方、お椀の持ち方と同じ内容の問題です。話を聞いて判断するのは、おかずがハンバーグではなく、魚だということだけです。これ以外に関しては、普段のお手伝いで正しい置き方をしていれば、出題を聞かずとも正しい置き方が描いてある絵がわかるはずです。②は学習の準備です。これは、入学後に行うことですが、入学後は言われなくてもできるようになっていなければなりません。しかし、今は、言われたことを言われた通りにできるかが問われます。ただ、２つの問題に共通していることは、折り目正しくきっちり行うということです。このような問題からも、当校の校風が見て取ることができます。しかし、保護者の皆さまは、逆のとらえ方をしてください。校風が出題にも表れているのならば、校風や、学校での取り組みを、日常生活にも取り入れることで、対策になるのです。こうした見方は、この問題以外でも取り入れることが可能です。

【おすすめ問題集】
Ｊｒ・ウォッチャー12「日常生活」、20「見る記憶・聴く記憶」

問題6　分野：図形（同図形探し、点・線図形）

〈解答〉　下図参照（６－１）、６－２省略

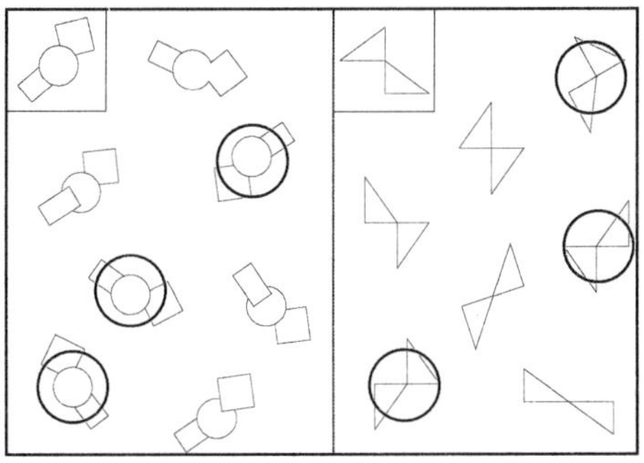

どちらも、観察力、空間認識力が求められる問題です。最初の問題は、どれも似た絵が並んでいます。初見で違うと判断できるものは、選択肢から排除し観察する個数を減らすようにしましょう。また、お手本の絵の特徴をしっかりと捉え、１回で覚えるようにしましょう。次の問題は模写ですが、最初に書き出す場所の位置関係を正しく把握しないと、全てが違ってしまいます。位置関係が正しく理解できていることを前提に、長い斜めの線を正確に引くことができるかどうかで、差が生じます。当校では、斜めの長い線を書かせる問題はよく出題されますので、しっかりと練習をしておいてください。また、できているお子さまと、そうでないお子さまとでは、筆圧にも違いが見られたそうです。できているお子さまはしっかりと線が引けていたとおっしゃっていました。

【おすすめ問題集】

Ｊｒ・ウォッチャー１「点・線図形」、４「同図形探し」、51「運筆①」、52「運筆②」

問題7　分野：図形（回転・展開、図形の構成）

〈解答〉　下図参照

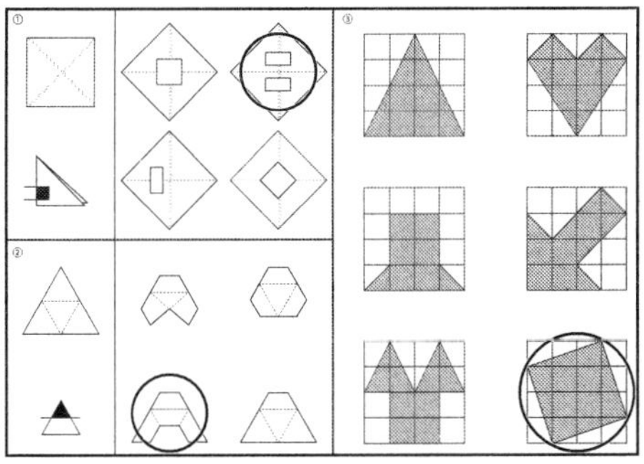

展開の問題は、言葉で説明しても理解は難しいと思います。いろいろな形で試し、楽しみの中から法則を発見させ、そのときに言葉を添えて説明してあげるとよいでしょう。こうした展開の問題は、保護者の方が答え合わせをするのではなく、実際に折り紙を持ってきて、お子さま自身が実践して、正解を見つけることをおすすめします。答え合わせが済んだら、今度は、展開したとき、残りの選択肢になるには、どのように切ったら良いかを考えてみましょう。できない場合、どうしてできないのかを説明させることで論理的思考力を鍛えることができます。③では、同じ形のものを探して、残った部分を比較することで、比較しやすくなります。四角形は四角形同士、三角形は三角形同士をまず比較しましょう。そして、中途半端になっている部分ですが、よく見ると、白と黒が逆になっているものがあります。これを発見できるか否かが、この問題の分かれ目となります。実際に線を引き、はさみで切り、試行錯誤してみてください。具体物を操作していれば、法則を発見することができるでしょう。

【おすすめ問題集】

Ｊｒ・ウォッチャー５「回転・展開」、９「合成」、54「図形の構成」

問題８　分野：図形（回転図形）

〈解 答〉　下図参照

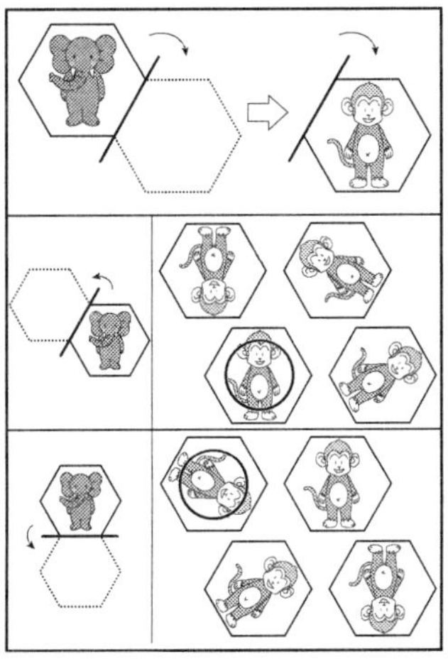

この問題ができなかったお子さまの場合、解答以前に、問題そのものが理解できていないことが考えられます。このような問題の場合、クリアファイルを使用し、実際にどうなるかを検証した後に、再度、問題にチャレンジするとよいでしょう。まず、クリアファイルに、左のゾウを六角形を含めて描き写します。その後、太線を対称軸としてひっくり返すと、白いマスに入るゾウがわかります。次に、元のゾウが描かれた六角形が何回回転するとひっくり返した絵になるかが分かると思います。この問題を線対称として考えると難しいと思いますが、回転図形として考えることが可能だと発見することで、解答しやすくなると思います。当校の入試では、この問題のように、問題文や例題を理解しないと解答しにくい問題がありますので、１回で理解できるように、聞く力、理解力をしっかりと身につけ、様々な出題形式の問題に取り組んでください。

【おすすめ問題集】

Ｊｒ・ウォッチャー８「対称」、46「回転図形」

問題9　分野：系列

〈解答〉　下図参照

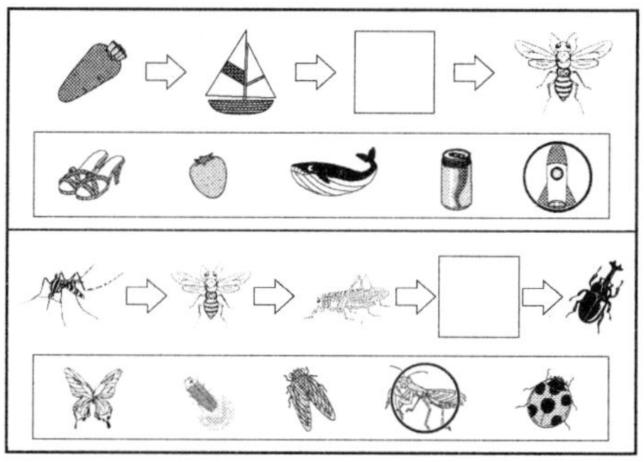

この系列の問題は、単なる数量としてとらえるのではなく、違う角度から系列を考える必要があります。上の問題ですが、ニンジン→ヨット→（解答）→ハチと並んでます。この問題は、一見すると、どのようなお約束で並んでいるのかよく解らないと思います。実はこの問題、「歌詞」にならって並んでいるのです。「いっぽんでもにんじん」という歌に出てくる順番に並んでいます。ニンジン→サンダル→ヨット→ごま塩→ロケット→七面鳥→ハチという順番です。この考えではダメなら別の考えと、柔軟な頭が求められる問題は、当校の特徴の１つといえます。下の問題は、描かれてある生き物の名前が、一文字ずつ増えています。ですから四角には、４文字の生き物であるカマキリが入るということになります。問題としてとらえると難しいですが、クイズとして練習をすると楽しく取り組めると思います。

【おすすめ問題集】

Ｊｒ・ウォッチャー６「系列」、17「言葉の音遊び」、60「言葉の音（おん）」

問題10　分野：記憶（見る記憶）

〈解答〉　①一番下の段の右から２番目　②船　③ライオン　④○：４

見る記憶の問題ですが、設問を見ると、単に記憶をした程度では、全問正解は難しいと思います。記憶の仕方は人それぞれですから、お子さまの得意とする方法を用いるようにするとよいでしょう。その上で、練習を重ね、１つでも多く、正しく記憶できるようにしましょう。記憶系の力をつけることに近道はありません。積み木を積み上げるように、少しずつ力を積み重ねていかなければなりません。こうして記憶力は向上していきます。記憶系の問題で面倒なことは、頭の中で混乱を起こしてしまうと、記憶したものが飛んでしまう可能性があるということです。そして、試験中、その問題を行っている間に記憶が戻ってくることはあまり期待できません。集中して記憶し、落ち着いて問題に答えることを徹底しましょう。設問④では、くだものの数を聞いています。これなどは、前述したようにしっかりと記憶していなければ答えることはできません。

【おすすめ問題集】

Ｊｒ・ウォッチャー20「見る記憶・聴く記憶」

問題11　分野：推理思考

〈解答〉　下図参照

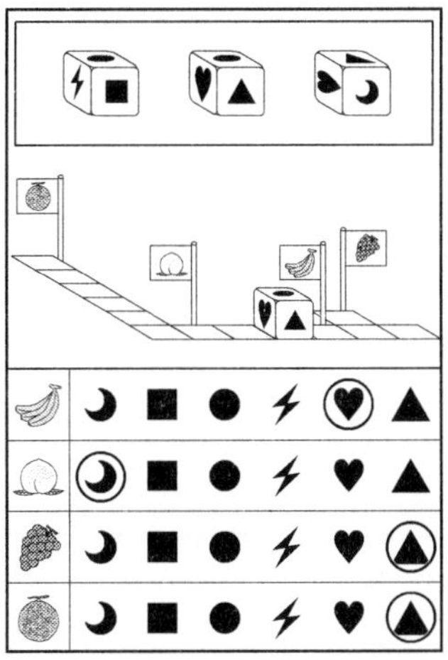

この問題で一番大切なことは、上の３つの絵を見て、サイコロの６面に何の絵がどのような配置で描かれているかを把握することです。ここで配置を間違えてしまうと、解答は難しくなります。左の２つを見ると、上に黒丸が描いてあります。ですから、黒丸を上に見たときに横の配置は稲妻の裏側がハートになり、四角の裏が三角になることが分かります。そして右側のサイコロを見ると、真ん中のサイコロを奥に倒した状態であることが分かります。ですから、三日月は黒丸の反対側であることがわかります。このように順を追えば、配置は分かります。焦らずに落ち着いて、状況の把握に努めてください。問題の方に目をやると、真ん中のサイコロと同じ位置関係であることが分かります。ご家庭にサイコロがあると思いますが、サイコロの各面にこの印を貼り、実際にサイコロを転がして、確認するとよく分かると思います。

【おすすめ問題集】
Ｊｒ・ウォッチャー31「推理思考」

問題12　分野：常識（生活常識）

〈解答〉　下図参照

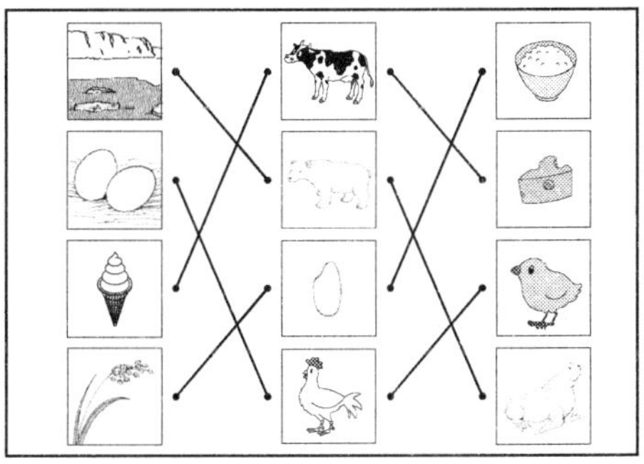

関係のあるもの同士を結びつけられているかということも大切ですが、点と点をしっかりと結んでいるか、書いた線が、濃く、しっかりとした線であるかもチェックしてください。線が点に着いていない解答をよく目にします。そのことで、減点や不正解とされることがないとはいえませんので、しっかりと、点と点を結ぶようにしましょう。この問題では、それぞれの絵の関係性をしっかりと見て判断しなければなりません。この問題を解いていて、関係性が分からないものがあったら、関連したことを含めて教えてあげてください。関連したことを教えることで、この問題の解答を示すことにも繋がっていきます。こうした関連性に関することは、日常生活においても取り組むことが可能です。お子さまとの会話の中で、こうした関連性を盛り込んで行うとよいでしょう。

【おすすめ問題集】

Ｊｒ・ウォッチャー11「いろいろな仲間」、12「日常生活」、27「理科」、
55「理科②」

問題13　分野：数量（たし算・ひき算、数を分ける）

〈解 答〉　①○：5　②○：2　③○：3　④5　⑤1

数量に関する問題は、よく出題されています。単に数を数えられるというだけではなく、簡単な数を操作することまで求められます。しかし、この問題にしても、日常生活において扱う程度の内容となっており、数量というよりは、生活体験の重要性を説く問題の１つになっています。こうした生活体験に基づく出題は、当校の得意としている内容であり、保護者に対して、保護者自身が問題を理解した上で、お子さまに生活体験を積ませること、興味関心をもたせるようにしてほしいというメッセージとしても受け取ることができます。このような問題を教える際は、生活になぞらえて指導してあげるとよいでしょう。解き方としてのHow toはありますが、それは点数を取るための方法であって、理解ではありません。当校の入学後の学習を鑑みると、そのような対策は、かえってマイナスとなります。入学後のことまで考え、学習を行うようにしてください。

【おすすめ問題集】

Ｊｒ・ウォッチャー14「数える」、38「たし算・ひき算１」、39「たし算・ひき算２」
40「数を分ける」

問題14　分野：図形（異図形探し）

〈解 答〉　下図参照

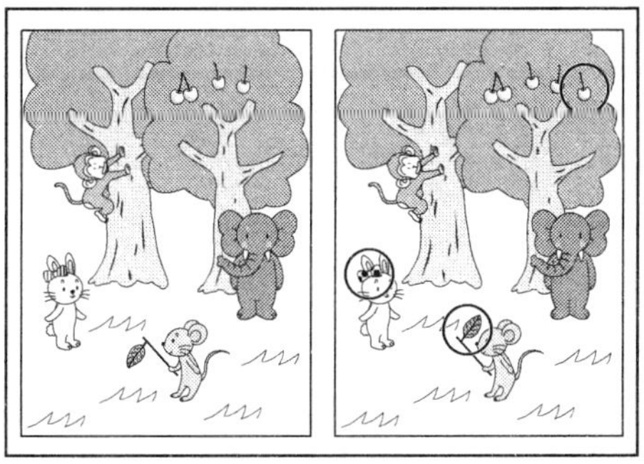

観察力を要する問題ですが、問題全体を見た際、この問題は全問正解であってほしい問題です。確実に解けるようにしましょう。正解、不正解もさることながら、お子さまがどのような見方（視線の移動）をしていたかもよく見てください。ランダムに見ていると、見逃してしまうことがあり、おすすめできません。弊社で推奨しているのは、見る方向・順番を常に一定方向に定めて観察するということです。この方法は、この問題に限らず、観察を要する問題全てに共通して行うことです。例えば、数を数える行為にしても、数える順番はこの問題の絵を観察する場合と同じ見方（動き）をします。そうすることで、見忘れ（数え忘れ）などを防ぐことができます。問題自体は難しいものではありません。落ち着いてしっかり取り組めばできると思います。

【おすすめ問題集】
　Ｊｒ・ウォッチャー４「同図形探し」

問題15　分野：図形（位置の移動）

〈解答〉　下図参照

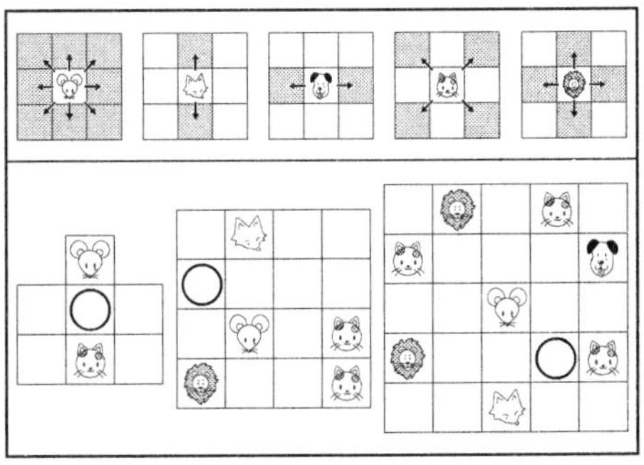

この問題は頭を使います。ある種、将棋の駒を動かすのと似た感じです。それぞれの動物の動きと、動く順番をしっかりと把握し、それぞれの動物を動かしていきます。ネズミから動くとなっていますが、ネズミはどこにでも動けます。そのため、出題はネズミが先に動くことになっていますが、実際はどこに動けるのかを知らなければ動けません。問題を聞いて、そのことに気がつけば、先に他の動物が動けるマスをつぶせば、おのずと解答が導き出せると分かるはずです。こうした観点の切り替えができるかどうかも、当校の入試では必要な力の１つといえます。実際に問題を解いていくと分かると思いますが、楽しみながら取り組める問題でもあります。論理的思考力を要する問題ですが、論理的に教えるのではなく、楽しみながら、ゲーム感覚で一緒に取り組むと、飲み込みもよくなると思います。

【おすすめ問題集】
　Ｊｒ・ウォッチャー２「座標」、47「座標の移動」

問題16　分野：数量（数のやりとり）

〈解 答〉　○：9

数の操作の問題ですが、扱う数が多くなります。まずお子さまが、どの数まで扱うことが可能かを把握してください。当校では30弱の数が出題されることもあります。この問題でも最初は24の数を操作します。できないからといって諦めるのではなく、○が書かれているので、それを見ながら半分にすることで、問題を進めていくことが可能です。何事も諦めず、最後まで取り組むことが大切です。また当校の入試では、問題を解く前に、練習問題をして説明をするときがあります。この問題も、入学試験では練習問題で説明がありました。そうした場合、説明をしっかりと聞くことで、解き方はわかります。ですから、今から慌てることはありません。この問題を解くには、数の操作だけではなく、話をしっかりと聞き、理解し、言われた通り実践することがポイントとなります。そして、実践する際には、数の操作、論理的思考力を用いて対応します。一つ一つを順序立てて行っていけば、難しくはありません。あとは、自分の解答を丁寧に、しっかりと書くことです。

【おすすめ問題集】
Ｊｒ・ウォッチャー43「数のやりとり」

問題17　分野：図形（図形分割）

〈解 答〉　下図参照

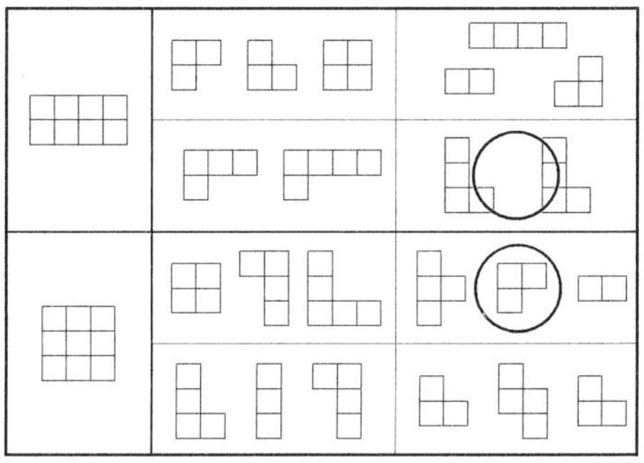

この問題を聞き、絵を目にしたとき、お子さまは「難しい」という印象を持つと思います。お子さまは、絵が多いだけで難しいと思い込んでしまいがちです。この問題には２つの解き方があります。１つは形を頭の中で操作して解答を見つけ出していく方法です。もう１つは、数を数える方法です。更に、この数を数える方法も、２つの考え方があります。１つは、左の形の、縦と横のマスの数を基準に考えていくやり方です。左の絵の縦と横のマスの数と右の形をつなげたときの縦と横のマスの数が同じかどうかを比べます。もう１つの方法は、左の形が、いくつのマスでできているかを数える方法です。右のマスの合計と左のマスの合計が一致すれば、解答になる可能性が高いです。このように選択肢を減らしてから考える方法があります。お子さまに合った方法を見つけて、答えを導き出せるようにしていきましょう。

【おすすめ問題集】
Ｊｒ・ウォッチャー45「図形分割」

問題18　分野：常識（日常生活）

〈解答〉　下図参照

歌を聞いて、その歌が何の歌かを問う常識問題です。この問題では、歌詞の中に答えがあるため、落ち着いて聞けば答えられるでしょう。しかし、あまり童謡を知らなかったり、聞いたことがあっても歌詞がわからなかったりしたら、正答にはつながりません。このような問題は、ふだんの生活体験が如実に表れると言ってもいいでしょう。お子さまと日ごろからコミュニケーションを取り、いっしょに歌いながら、楽しんで知識の習得に努めてください。当校の入試では、童謡や年中行事のような、昔ながらの文化に関する問題が頻出しています。問題の形式や内容は、年によってさまざまなので、日々の生活の中で、お子さまの興味が向くように心がけていきましょう。

【おすすめ問題集】

Ｊｒ・ウォッチャー12「日常生活」、34「季節」

問題19　分野：運動

〈解答〉　省略

小学校受験において、基本動作といわれているものが、複数取り入れられています。動作に関しては、全てできるように練習をしておいてください。また、単にできるというだけでなく、取り組むときの姿勢、意欲なども大切ですから、練習するときから意識をして取り組むようにしましょう。この問題において、運動以外に差がつくとしたら、待っているときの態度や、指示通りの動作を行うことができたか、という点だと思います。これだけの運動を行うには、多くの時間を要します。同時に、待つ時間も必然的に長くなります。しかも複数の運動を行いながら待つとなると、集中力、緊張感の持続が難しいと言わざるを得ません。この点がこの問題の盲点といえるのではないでしょうか。運動に関しては、この運動だけでなく、外で遊ぶことで足の力がつきますし、平衡感覚などもやしなわれます。そして、運動をすることで、ストレスの発散にもなり、集中力も向上するので、運動の練習を上手に取り入れてください。

【おすすめ問題集】

新運動テスト問題集、Ｊｒ・ウォッチャー28「運動」

問題20　分野：保護者面接

〈解 答〉　省略

保護者の方への面接は、学校に対する理解度や、保護者力を観ようとしている質問が多く見られます。また、当校の面接は時間が決められており、多くのことを伝えようと思うなら、聞かれたことに端的に回答することが肝要です。また、中には、質問以外のことを答える方がいますが、質問以外の発言はプラスに作用することはありません。むしろ、言われたことを理解していないという評価を受ける可能性がありますので注意をしてください。いろいろ伝えようとして回答が長くなれば、それだけ面接時間が少なくなり、質問数も減ることになります。同時に、学校側からすれば、知りたいことを知ることができなかったという面接になることをご理解ください。当校の過去の質問を観ても、特別難解なものも、考えなければならないものもありません。そのため、速やかに回答することが求められます。回答に間が空いてしまうのは、回答できないのではないかと受け取られかねません。当校は質問したことに対して、別のことを含んでいることはありません。「聞かれたことに、聞かれたことだけを、速やかに、シンプルに回答する。そして常識のある行動を」これが当校の面接対策です。

【おすすめ問題集】

新 小学校受験の入試面接Q＆A、保護者のための面接最強マニュアル

問題21　分野：保護者作文

〈解 答〉　省略

当校の作文は、１時間ずつ２度、提示された複数のタイトルの中から１つを選んで書きますが、どのタイトルを選んだから正解、不正解ということはありません。そのため、自分が書きやすいものを選択することをおすすめいたします。ただし、どのタイトルを選んでも、指定された文字数の９割以上は埋めてください。また、面接同様、作文の最後に自己PRを書く方がいますが、自己PRは作文のタイトルとは関係ありませんので、作文の評価対象から、その分の文字数を削除して評価されることを知っておいてください。当校の本質を理解していない対策は、かえってマイナス評価に転ずる結果となりえます。この保護者作文も、どうして行われているのか、その目的は何なのかを理解すれば、書き方などの対策は分かると思います。作文に関するアドバイスは、この紙面だけでは書き足りません。しかし、書き方に関してアドバイスを言えば、「起承転結」というオーソドックスな書き方よりも、「結起承」で書き、最後にもう一度「結」で締める書き方が、矛盾なく書ける上、まとまりやすいと思います。

【おすすめ問題集】

新 願書・アンケート・作文 文例集500

洛南高等学校附属小学校　専用注文書

年　　月　　日

合格のための問題集ベスト・セレクション

＊入試頻出分野ベスト３

1st　推　理
思考力　観察力　聞く力

2nd　図　形
観察力　思考力

3rd　言　語
知　識　聞く力

問題がやさしくなってきているとはいえ、推理問題を中心に考えさせる問題が数多く出題されています。また、出題分野が幅広い上に問題数も多いので、集中力の持続も必要になってきます。

分野	書　名	価格(税込)	注文	分野	書　名	価格(税込)	注文
図形	Ｊｒ・ウォッチャー 4「同図形探し」	1,650 円	冊	数量	Ｊｒ・ウォッチャー 40「数を分ける」	1,650 円	冊
図形	Ｊｒ・ウォッチャー 5「回転・展開」	1,650 円	冊	数量	Ｊｒ・ウォッチャー 43「数のやりとり」	1,650 円	冊
図形	Ｊｒ・ウォッチャー 6「系列」	1,650 円	冊	図形	Ｊｒ・ウォッチャー 45「図形分割」	1,650 円	冊
常識	Ｊｒ・ウォッチャー 11「いろいろな仲間」	1,650 円	冊	図形	Ｊｒ・ウォッチャー 46「回転図形」	1,650 円	冊
常識	Ｊｒ・ウォッチャー 12「日常生活」	1,650 円	冊	図形	Ｊｒ・ウォッチャー 47「座標の移動」	1,650 円	冊
数量	Ｊｒ・ウォッチャー 16「積み木」	1,650 円	冊	巧緻性	Ｊｒ・ウォッチャー 51「運筆①」	1,650 円	冊
言語	Ｊｒ・ウォッチャー 17「言葉の音遊び」	1,650 円	冊	巧緻性	Ｊｒ・ウォッチャー 52「運筆②」	1,650 円	冊
記憶	Ｊｒ・ウォッチャー 19「お話の記憶」	1,650 円	冊	図形	Ｊｒ・ウォッチャー 54「図形の構成」	1,650 円	冊
記憶	Ｊｒ・ウォッチャー 20「見る記憶・聴く記憶」	1,650 円	冊	常識	Ｊｒ・ウォッチャー 55「理科②」	1,650 円	冊
常識	Ｊｒ・ウォッチャー 27「理科」	1,650 円	冊	常識	Ｊｒ・ウォッチャー 56「マナーとルール」	1,650 円	冊
観察	Ｊｒ・ウォッチャー 28「運動」	1,650 円	冊		新 運動テスト問題集	2,420 円	冊
推理	Ｊｒ・ウォッチャー 31「推理思考」	1,650 円	冊		お話の記憶問題集 中級編・上級編	2,200 円	各　冊
数量	Ｊｒ・ウォッチャー 38「たし算・ひき算 1」	1,650 円	冊		保護者のための入試面接最強マニュアル	2,200 円	冊
数量	Ｊｒ・ウォッチャー 39「たし算・ひき算 2」	1,650 円	冊		新 願書・アンケート・作文 文例集 500	2,860 円	冊

合計	冊	円

（フリガナ） 氏　名	電　話	
	ＦＡＸ	
	E-mail	
住 所　〒　　　　－	以前にご注文されたことはございますか。	
	有　・　無	

★お近くの書店、または記載の電話・FAX・ホームページにてご注文をお受けしております。
電話：03-5261-8951　FAX：03-5261-8953　代金は書籍合計金額＋送料がかかります。
※なお、落丁・乱丁以外の理由による商品の返品・交換には応じかねます。
★ご記入頂いた個人に関する情報は、当社にて厳重に管理致します。なお、ご購入の商品発送の他に、当社発行の書籍案内、書籍に関する調査に使用させて頂く場合がございますので、予めご了承ください。

日本学習図書株式会社
http://www.nichigaku.jp

〈立命館小学校〉

※問題を始める前に、本書冒頭の「本書ご使用方法」「本書ご使用にあたっての注意点」をご覧ください。
※本校の考査は鉛筆を使用します。間違えた場合は消しゴムで消し、正しい答えを書くよう指導してください。

**保護者の方は、別紙の「家庭学習ガイド」「合格ためのアドバイス」を先にお読みください。
当校の対策および学習を進めていく上で役立つ内容です。ぜひご覧ください。**

2022年度の最新問題

問題22　分野：記憶（お話の記憶）

〈準 備〉　鉛筆、消しゴム

〈問 題〉　**この問題の絵は縦に使用してください。**

お話を聞いて、後の質問に答えてください。

きくちゃんは家族とキャンプに行くことになりました。きくちゃんは汗ふきタオルを持ち、妹はクレヨンと、スケッチブック、虫眼鏡を持ちました。お兄ちゃんは虫取り網と、虫かごを持ちました。お父さんは水筒を、お母さんはシートとお弁当を持ちました。お父さんが運転する車に乗って、キャンプ場につきました。妹はお兄ちゃんが捕まえた虫をスケッチブックに描いていましたが、もう紙がなくなったので、持ってきた虫めがねで、草やバッタなど、いろいろ観察していました。涼しいところで、お昼のお弁当も食べました。おいしいお弁当でした。あっというまに、楽しい1日が過ぎました。

（問題22の絵を渡す）
①きくちゃんが持って行ったものはなんですか。選んで○をつけてください。
②妹が虫めがねで観察したものはなんですか。選んで○をつけてください。
③この季節と同じものはどれですか。選んで○をつけてください。
④この季節の前のものはどれですか。選んで○をつけてください。
⑤この季節の次のものはどれですか。選んで○をつけてください。

〈時 間〉　各10秒

問題23　分野：常識（いろいろな仲間）

〈準 備〉　鉛筆、消しゴム

〈問 題〉　それぞれの段で仲間同士にならないものが1つだけあります。それに○をつけてください。

〈時 間〉　30秒

問題24　分野：常識（マナー）

〈準備〉　鉛筆、消しゴム

〈問題〉　①駅のホームで走っている子どもがいました。
ゾウは「よし僕も負けないぞ」といいました。
リスは「駅のホームは、走っちゃだめなんだよ」といいました。
ライオンは「みんなで鬼ごっこをしようよ」といいました。
誰が正しいことを言ってるのでしょうか。正しいことを言っている動物に○をつけてください。
②トイレの後、手を洗いました。
イヌはパッパッと手を振りました。
ウサギはハンカチで手を拭きました。
サルはハンカチを借りて手を拭きました。
どの動物がよいと思いますか。その動物に○をつけてください。

〈時間〉　30秒

問題25　分野：数量（たし算・ひき算）

〈準備〉　鉛筆、消しゴム

〈問題〉　①公園で９人のお友だちが遊んでいます。２人が帰りました。しばらくすると４人が帰りました。そして２人がやってきました。今、何人のお友だちがいますか。その数だけ○を書いてください。
②９人のお友達が公園で遊んでいます。そこへ２人がやってきました。しばらくすると６人が帰っていきました。それと同時に、３人がきました。今、何人のお友だちがいますか。その数だけ○を書いてください。

〈時間〉　各30秒

問題26　分野：数量（たし算・ひき算、見えない数）

〈準備〉　鉛筆、消しゴム

〈問題〉　電車は全部で8両です。トンネルの中には何両の電車が入っていますか。下の□に、その数だけ○を書いてください。

〈時間〉　１分

問題27　分野：記憶（見る記憶）

〈準備〉　鉛筆、消しゴム

〈問題〉　**問題27-２の絵は縦に使用してください。**
（問題27-１の絵を30秒見せる。時間になったら27-２の絵と交換する）
今見た絵の中にあった絵に、○をつけてください。

〈時間〉　１分

問題28　分野：数量（積み木）

〈準備〉　鉛筆、消しゴム

〈問題〉　**この問題の絵は縦に使用してください。**
左の積み木の数と、右の○の数が同じもの同士を、線でつないでください。

〈時間〉　40秒

問題29　分野：図形（迷路）

〈準備〉　鉛筆、消しゴム

〈問題〉　リスさんはドングリを食べに行きたいのですが、モグラのいるところは通れません。どのように行けば、ドングリのところへ行けるでしょうか。線を引いてください。

〈時間〉　30秒

問題30　分野：言語（言葉の音遊び、言葉の音（おん））

〈準備〉　鉛筆、消しゴム

〈問題〉　左の絵の言葉（音数）と同じ数（音数）のものを、右の絵の中から2つ探して、○をつけてください。

〈時間〉　各15秒

問題31　分野：図形（対称）

〈準備〉　鉛筆、消しゴム

〈問題〉　**この問題の絵は縦に使用してください。**
真ん中の線で折ったとき、左の形がぴったり重なるように、右に書いてください。

〈時間〉　1分30秒

問題32　分野：図形（系列）

〈準備〉　鉛筆、消しゴム

〈問題〉　①サイコロの空いているところには、いくつの目の数が来るでしょうか。その目の数を書いてください。
②おにぎりが矢印の方へ転がって進みます。？のところには、下のどのおにぎりが来るでしょうか。そのおにぎりを選んで下の□に○を書いてください。

〈時間〉　各30秒

問題33　分野：言語（しりとり）

〈準 備〉　鉛筆　消しゴム

〈問 題〉　それぞれの段の絵を全部使って、しりとりをします。最後になるものはどれですか。○をつけてください。

〈時 間〉　各15秒

問題34　分野：行動観察（巧緻性）

〈準 備〉　折り紙

〈問 題〉　**この問題の絵はありません。**
モニターを見てください。モニターの説明を聞きながら、折り紙を折ってください。できたら、指を入れて、「パクパク」させましょう。

〈時 間〉　適宜

問題35　分野：行動観察（指示行動）

〈準 備〉　タンバリン・小さなリング（１人２個。両手に１つずつ持つ）

〈問 題〉　**この問題の絵はありません。**
今から先生が、タンバリンをたたきます。タンバリンの音が聞こえたら、その音の数と同じ数のお友だちで、輪になりましょう。輪になるときはリングとリングをくっつけます。もし残ってしまったら、残ったお友達で輪になりましょう。

〈時 間〉　適宜

問題36　分野：運動

〈準 備〉　縄跳びのなわ

〈問 題〉　**この問題の絵はありません。**
○の中で立って待ちましょう。名前を呼ばれたら、線のところまで行って、縄跳びの前跳びをしてください。「やめましょう」と言われたら、縄を半分に折って、かごに入れて、元の場所に戻りましょう。

〈時 間〉　適宜

問題37　分野：面接（保護者・志願者面接）

〈準　備〉　なし

〈問　題〉　**この問題の絵はありません。**

面接の前に志願者のみ別室に移動して、「家族との楽しかった思い出」というテーマで絵を描く（Ａ４サイズの紙／鉛筆／10分程度）。描き終わった後、絵について質問される。その後、面接会場に移動。そこでも絵についての質問がある。

【保護者へ】
・お子さまの性格は、当校でどのように成長すると思いますか。
・当校の見学で、お子さまは何に興味を持ちましたか。
・12年生についてどうお考えですか。
・お子さまには、当校で、どのように成長してほしいですか。
・ご家庭での教育方針を教えてください。
・子育てをしていて、今までで1番難しかったことはどんなことですか。
・コロナのこの時期でよかったことはどんなことですか。
・当校と他校の違いをどうお考えですか。
・お子さまを伸ばすために、どのような工夫をしていますか。
・当校でお子さまが発揮できると思うことはどんなことですか。
・学びとは、お母さまにとって、どのようなことですか。

【志願者へ】
・名前を教えてください。
・お父さんとお母さんの名前を教えてください。
・お友だちの名前を教えてください。
・外で遊ぶとき、どんな遊びをしますか。どんな遊びが好きですか。
・お部屋で遊ぶとき、どんな遊びをしますか。どんな遊びが好きですか。
・お父さんやお母さんとは、何をして遊びますか。
・あなたは、何をしているときが、一番楽しいですか。
・なにか習い事をしていますか。習い事は楽しいですか。
・幼稚園（保育園）で、一番楽しかったことは、どんなことですか。
・あなたが毎日頑張っていることは、どんなことですか。
・あなたは、お父さん（お母さん）に、何をするとほめられますか。
　最近何をしてほめられましたか。
・あなたが好きな本を教えてください。どうして好きですか。
・お父さん（お母さん）のいいところを教えてください。

〈時　間〉　15分程度

家庭学習のコツ④　効果的な学習方法～お子さまの今の実力を知る

１年分の問題を解き終えた後、「家庭学習ガイド」に掲載されているレーダーチャートを参考に、目標への到達度をはかってみましょう。また、あわせてお子さまの得意・不得意の見きわめも行ってください。苦手な分野の対策にあたっては、お子さまに無理をさせず、理解度に合わせて学習するとよいでしょう。

2021年度の過去問題

問題38　分野：常識（季節、理科）

〈準備〉　鉛筆、消しゴム

〈問題〉　問題38－1の絵は縦に使用してください。
（問題38－1の絵を渡す）
同じ季節の絵を選んで線で結んでください。
（問題38－2の絵を渡す）
1番左の四角の中の食べものは、何からできているでしょうか。選んで○をつけてください。

〈時間〉　①1分　②～⑤1分

［2021年度出題］

問題39　分野：常識（日常生活）

〈準備〉　鉛筆、消しゴム

〈問題〉　①タロウくんは1人で絵を描いていました。するとハナコさんが「ここも塗った方がいいよ」と言って勝手に色を塗ってしまいました。タロウくんは嫌な感じがしました。
その時、タロウくんはどんな顔をしていたと思いますか。選んで○をつけてください。
②ハナコさんは筆箱を忘れて困っていました。するとハルトくんが「僕の鉛筆を貸してあげるよ」と言いました。ハナコさんはとってもうれしく思い、「ありがとう」と言いました。
その時、ハナコさんは、どんな顔をしていたと思いますか。選んで○をつけてください。
③クマさんとキツネさんとネズミさんがバスに乗りました。バスの中では、お友だちのサルさんが席の取り合いをしていました。
クマさんは、「僕もいっしょに座りたいな」と言いました。
キツネさんは、「僕には関係ないや」と言いました。
ネズミさんは、「ほかの人の迷惑になるからやめなよ」と言いました。
みんなのためになったのはどの動物でしょうか。選んで○をつけてください。

〈時間〉　各20秒

［2021年度出題］

問題40　分野：常識（日常生活）

〈準備〉　鉛筆、消しゴム

〈問題〉　絵の中で片付けなければいけないものはどれでしょうか。選んで○をつけてください。

〈時間〉　30秒

［2021年度出題］

問題41　分野：言語（しりとり、言葉の音）

〈準 備〉　鉛筆、消しゴム

〈問 題〉　（問題41－１の絵を渡す）
①②しりとりでつながるものには右上の四角に○を書いてください。つながらないものには×を書いてください。
③④左の四角の中の絵のはじめの音を合わせてできるものはどれでしょうか。選んで○をつけてください。
（問題41－２の絵を渡す）
⑤真ん中に「く」がつくものはどれでしょうか。選んで○をつけてください。

〈時 間〉　①②30秒　③④１分　⑤１分

［2021年度出題］

問題42　分野：お話の記憶

〈準 備〉　鉛筆、消しゴム

〈問 題〉　お話を聞いて、後の質問に答えてください。

今日、ハナコさんはユウトくんと遊ぶ約束をしています。ハナコさんが出かける時、お母さんに「マスクとハンカチを持っていきなさい」と言われました。公園に着くと２人はシーソーで遊びました。夕方、お母さんが水筒を持って迎えに来てくれました。帰る時にハナコさんはユウトくんに「明日はお家でゲームしようね」と言いました。

（問題42の絵を渡す）
①お母さんは何を持っていきなさいと言ったでしょうか。選んで○をつけてください。
②２人は公園で何をして遊んだでしょうか。選んで○をつけてください。
③お母さんは公園に何を持って来たでしょうか。選んで○をつけてください。
④明日はユウトくんと何をして遊ぶでしょうか。選んで○をつけてください。

〈時 間〉　各10秒

［2021年度出題］

問題43　分野：数量（たし算・ひき算、数える）

〈準 備〉　鉛筆、消しゴム

〈問 題〉　①クッキーが10個ありました。お父さんが４個、お母さんが３個食べました。クッキーは何個残っているでしょうか。その数の分だけ四角の中に○を書いてください。
②積み木はいくつあるでしょうか。その数の分だけ四角の中に○を書いてください。

〈時 間〉　各20秒

［2021年度出題］

問題44　分野：図形（図形の構成、回転図形）

〈準備〉　鉛筆、消しゴム

〈問題〉　①②左の四角を矢印の方向に１回まわすとどんな形になるでしょうか。右の四角に印を書いてください。
③真ん中の段の四角を見てください。左の４つの形を組み合わせると右の形になります。下の段の１番左の四角の中の３つの形を組み合わせるとどんな形になるでしょうか。選んで○をつけてください。

〈時間〉　①②１分　③30秒

［2021年度出題］

問題45　分野：図形（四方からの観察、同図形探し）

〈準備〉　鉛筆、消しゴム

〈問題〉　①②１番左の四角の中の積み木をいろいろな方向から見た時に正しくない形はどれでしょうか。選んで○をつけてください。
③１番左の四角の中の形と同じ形を２つ探して○をつけてください。

〈時間〉　①②１分　③30秒

［2021年度出題］

問題46　分野：推理（ブラックボックス）

〈準備〉　鉛筆、消しゴム

〈問題〉　（問題46-１の絵を渡す）
１番上の段を見てください。リスが☆の箱を通ると１匹増えます。△の箱を通ると１匹減ります。
①～④並んでいる箱を通るとリスは何匹になるでしょうか。その数の分だけ四角の中に○を書いてください。
（問題46-２の絵を渡す）
⑤どの箱を通るとリスは２匹から４匹に増えるでしょうか。選んで左の四角の中に○を書いてください。

〈時間〉　①～④１分30秒　⑤30秒

［2021年度出題］

問題47　分野：推理（迷路）

〈準備〉　鉛筆、消しゴム

〈問題〉　リスがドングリのところまで行くためにはどの道を通ればよいでしょうか。正しい道に線を引いてください。ただし、動物がいる道は通れません。

〈時間〉　１分30秒

［2021年度出題］

問題48 分野：制作

〈準備〉　画用紙２枚（１枚は葉っぱの絵を描いておく）、クーピーペン（12色）、ハサミ、スティックのり

〈問題〉　**この問題は絵を参考にしてください。**
①葉っぱに自分の顔を描いて、好きな色で塗ってください。
②葉っぱの外側の太い線をハサミで切ってください。
③切った葉っぱをのりで画用紙に貼ってください。机にのりがつかないように気を付けましょう。

〈時間〉　10分程度

［2021年度出題］

問題49 分野：行動観察

〈準備〉　①なし　②小さなフープ、バトン

〈問題〉　**問題49①の絵はありません。**
問題49②は絵を参考にしてください。
①先生が見本を見せるので、覚えて真似をしてください。
・足踏みをしてください
・足踏みをしながら手を叩いてください
・手を２回叩いてバンザイのポーズをしてください
・手を２回叩いて好きなポーズをしてください

②バトンリレーをします。バトンを使って、フープを落とさないように次の人へ渡してください。「やめ」の合図があるまで続けてください。

〈時間〉　適宜

［2021年度出題］

問題50　分野：保護者・志願者面接

〈準 備〉　なし

〈問 題〉　**この問題の絵はありません。**

面接の前に志願者のみ別室に移動して、「夏休みの楽しい思い出」とうテーマで絵を描く（Ａ４サイズの紙／鉛筆／10分程度）。描き終わった後、絵について質問される。その後、面接会場に移動。そこでも絵についての質問がある。

【保護者へ】
- どうしてこの学校を選んだのですか。
- それぞれ自己紹介をしてください。
- 夏休みにお子さんとしたことで印象に残っていることはどんなことですか。
- 12年間一貫教育についてどのようにお考えですか。
- 本校の教育方針の中で、ご家庭の教育方針と重なるところはどこですか。また、それをどのように実施していますか。具体的にお聞かせください。
- ご家庭ではどんな遊びをしていますか。
- 子育てで重視しているのはどんなことですか。
- お子さまとの関係で気を付けていることは何ですか。
- 本校に期待するのはどんなことですか。
- 本校に合格されなかった場合どうされますか（私立他校、公立）。
- お子さまは幼稚園（保育園）でどう過ごしていますか。わかる範囲でお答えください。
- お子さまの将来をどのように考えていますか。

【志願者へ】
- 幼稚園（保育園）の名前を教えてください。
- どんなお手伝いをしていますか。その中で何が得意ですか。
- 幼稚園（保育園）で何をして遊ぶのが好きですか。
- 小学校に入ったら何がしたいですか。
- お母さん（お父さん）とどんな遊びをしますか。
- お父さんについて聞きます。どんな時にお父さんに叱られますか。
- お母さんについて聞きます。お母さんの料理で何が１番好きですか。
- 好きな食べものと嫌いな食べものを教えてください。
- （兄弟姉妹がいる場合）名前と年齢を教えてください。
- （兄弟姉妹がいる場合）何をして遊びますか。
- お友だちとケンカをしたり、仲良くできなかったりすることはありますか。

〈時 間〉　15分程度

[2021年度出題]

問題22

①

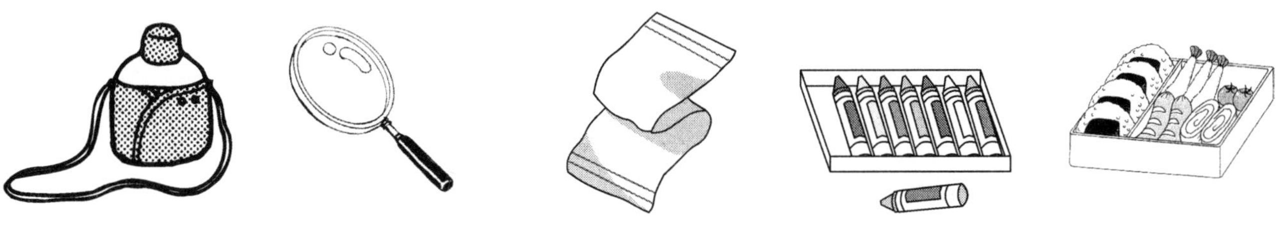

②

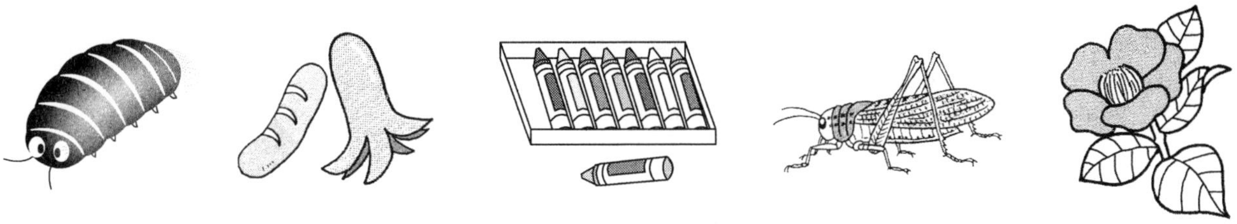

③

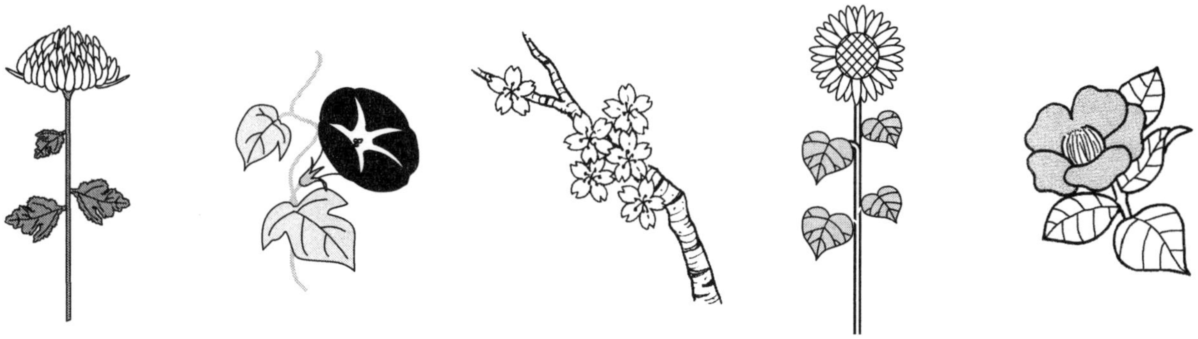

④

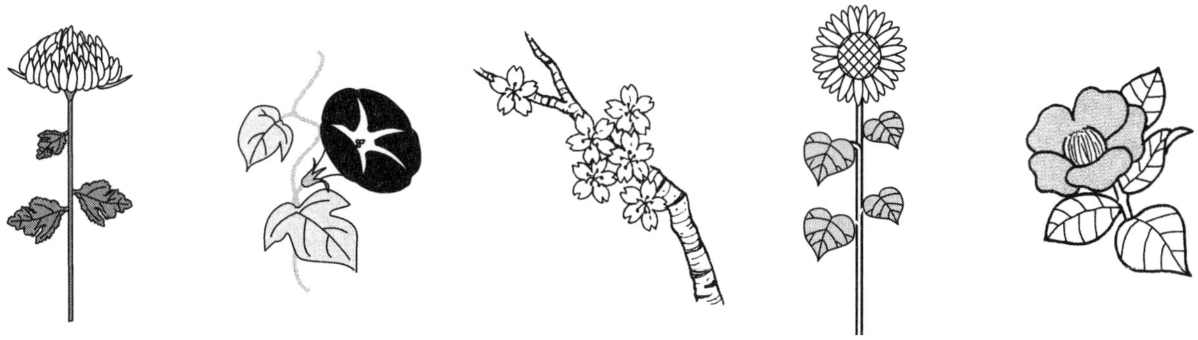

⑤

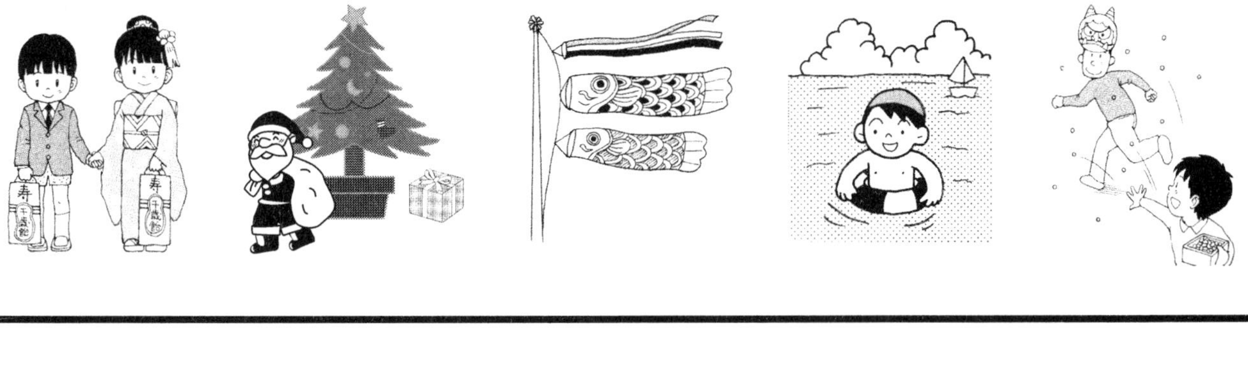

☆立命館小学校

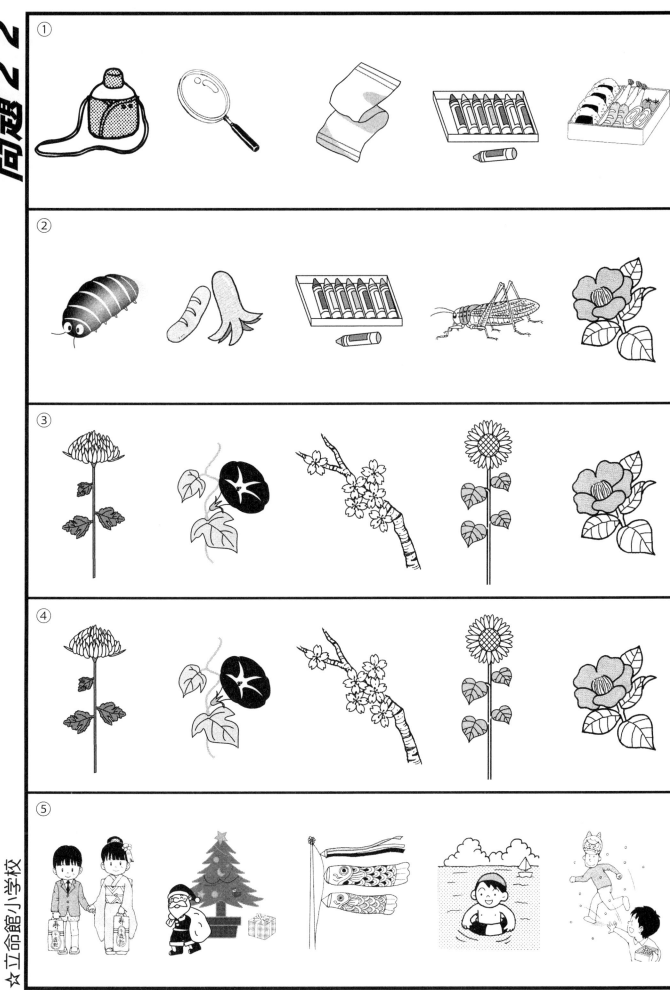

☆立命館小学校

問題２３

☆立命館小学校

問題２４

①

②

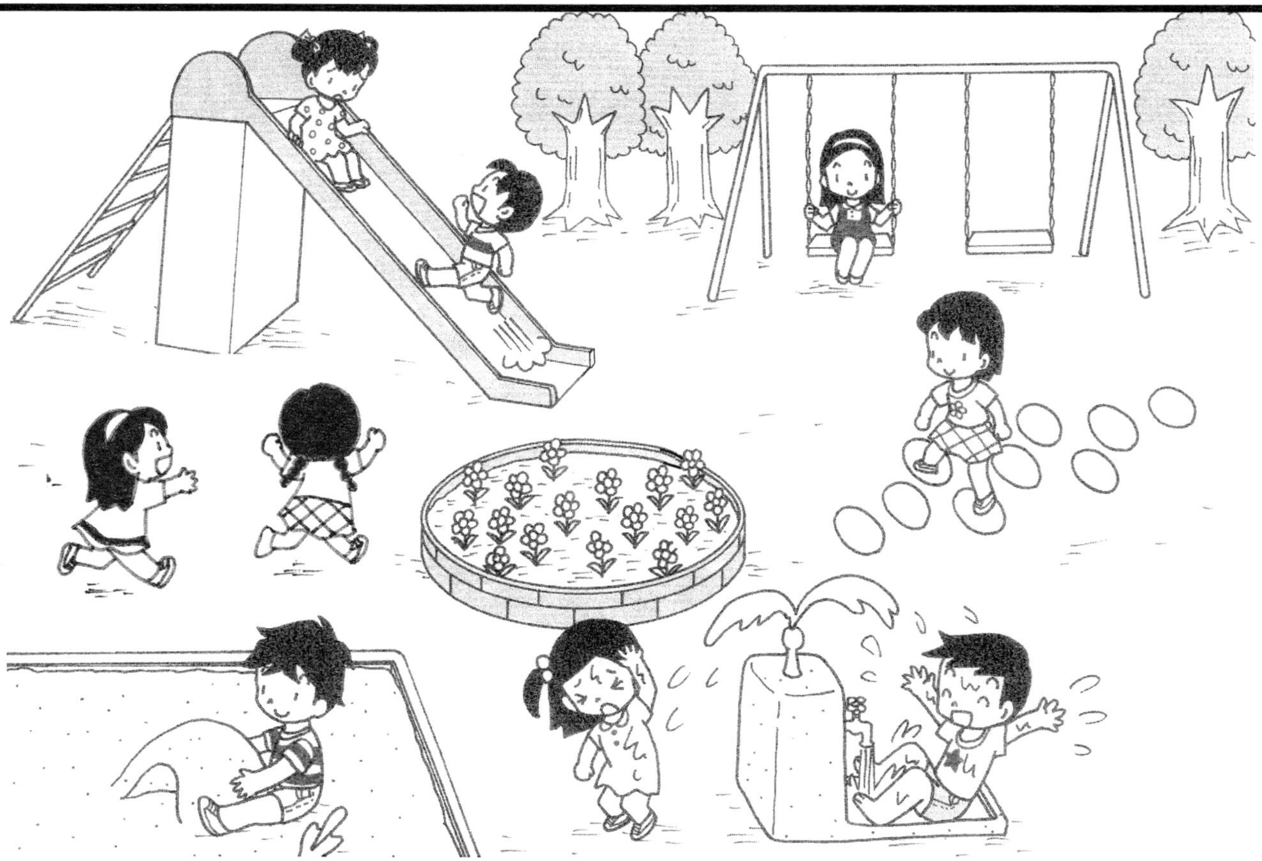

①

②

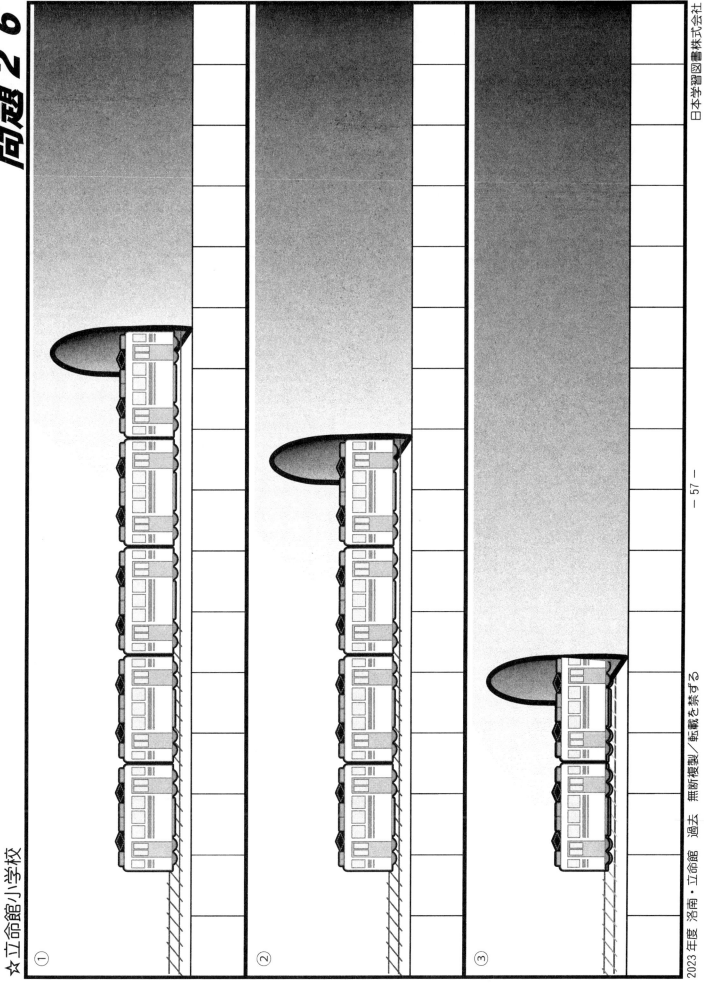

問題２６

①

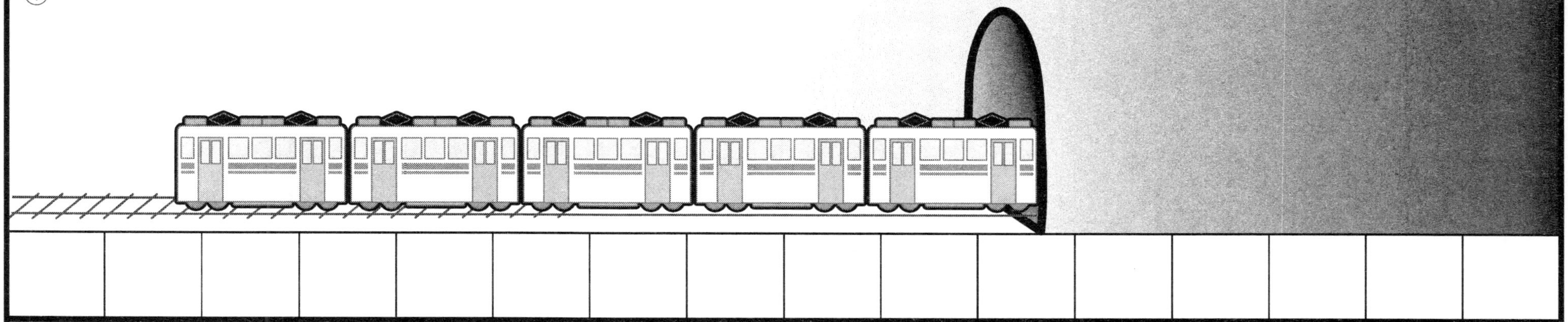

②

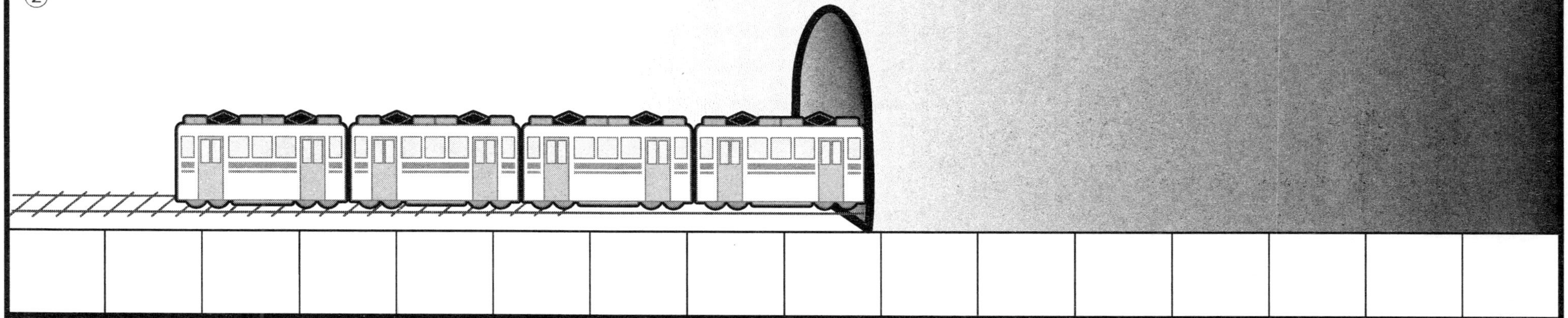

③

問題２７−１

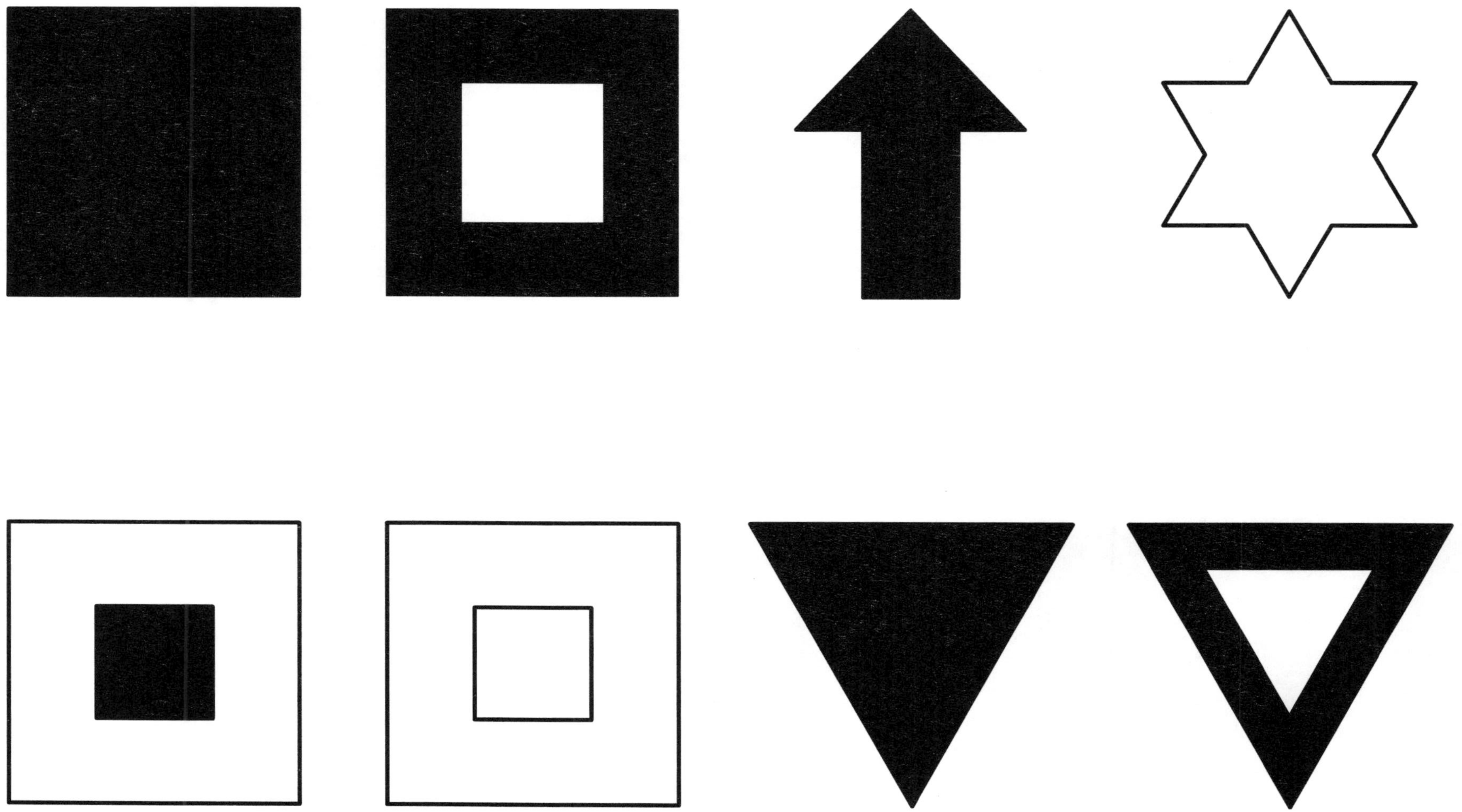

問題27－2

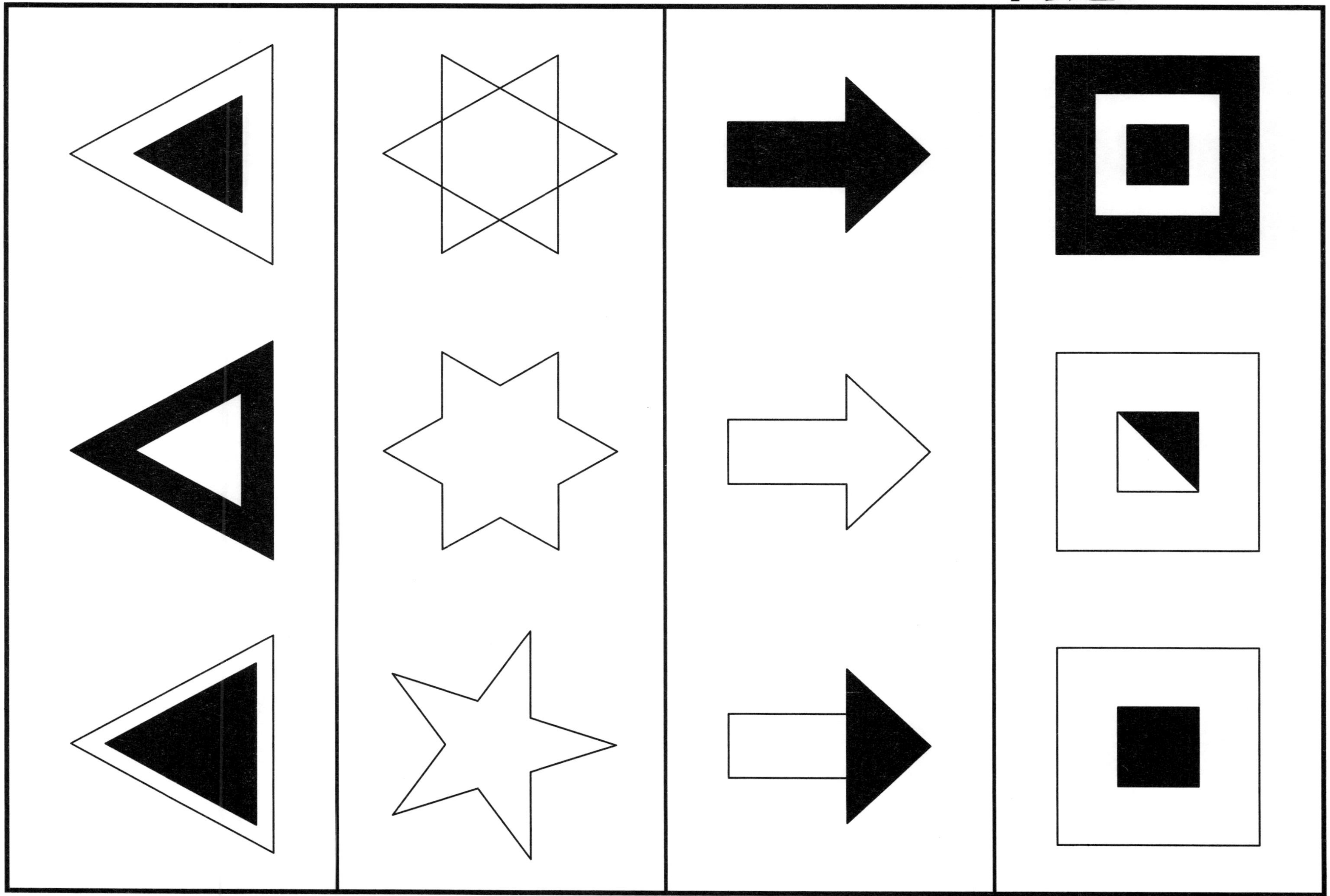

☆立命館小学校

問題28

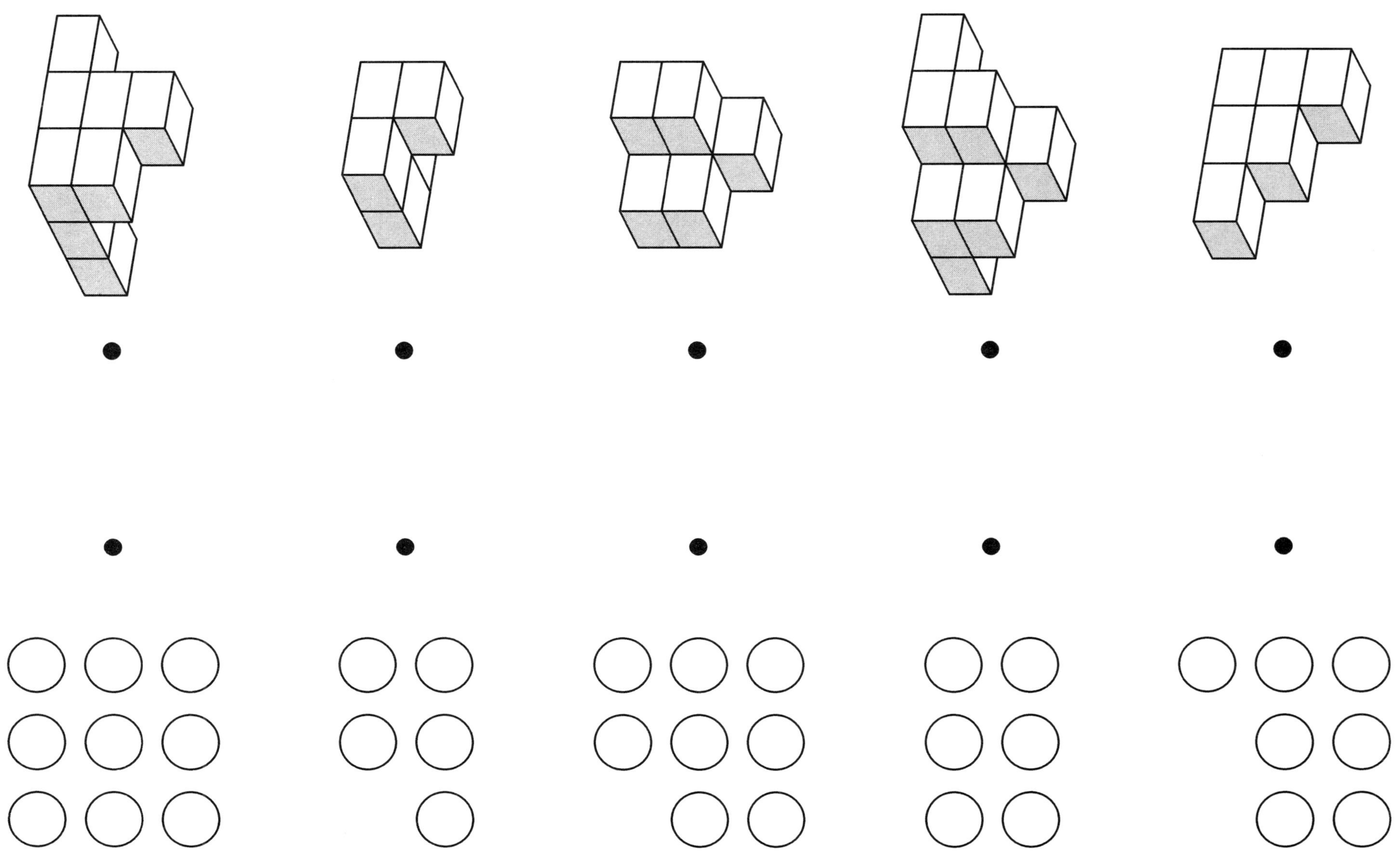

　

☆立命館小学校

問題２９

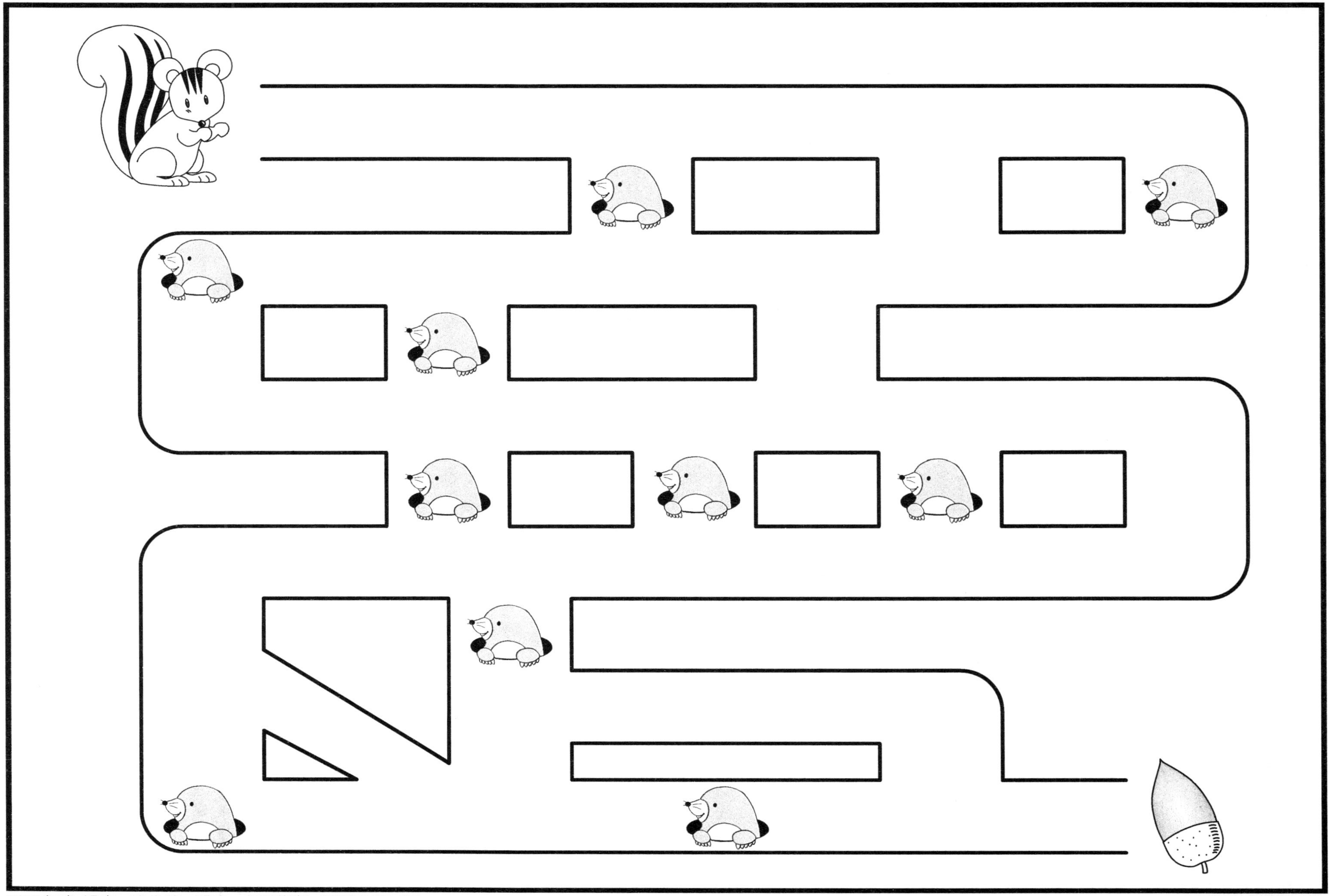

☆立命館小学校

2023 年度　洛南・立命館　過去　無断複製／転載を禁ずる　　日本学習図書株式会社

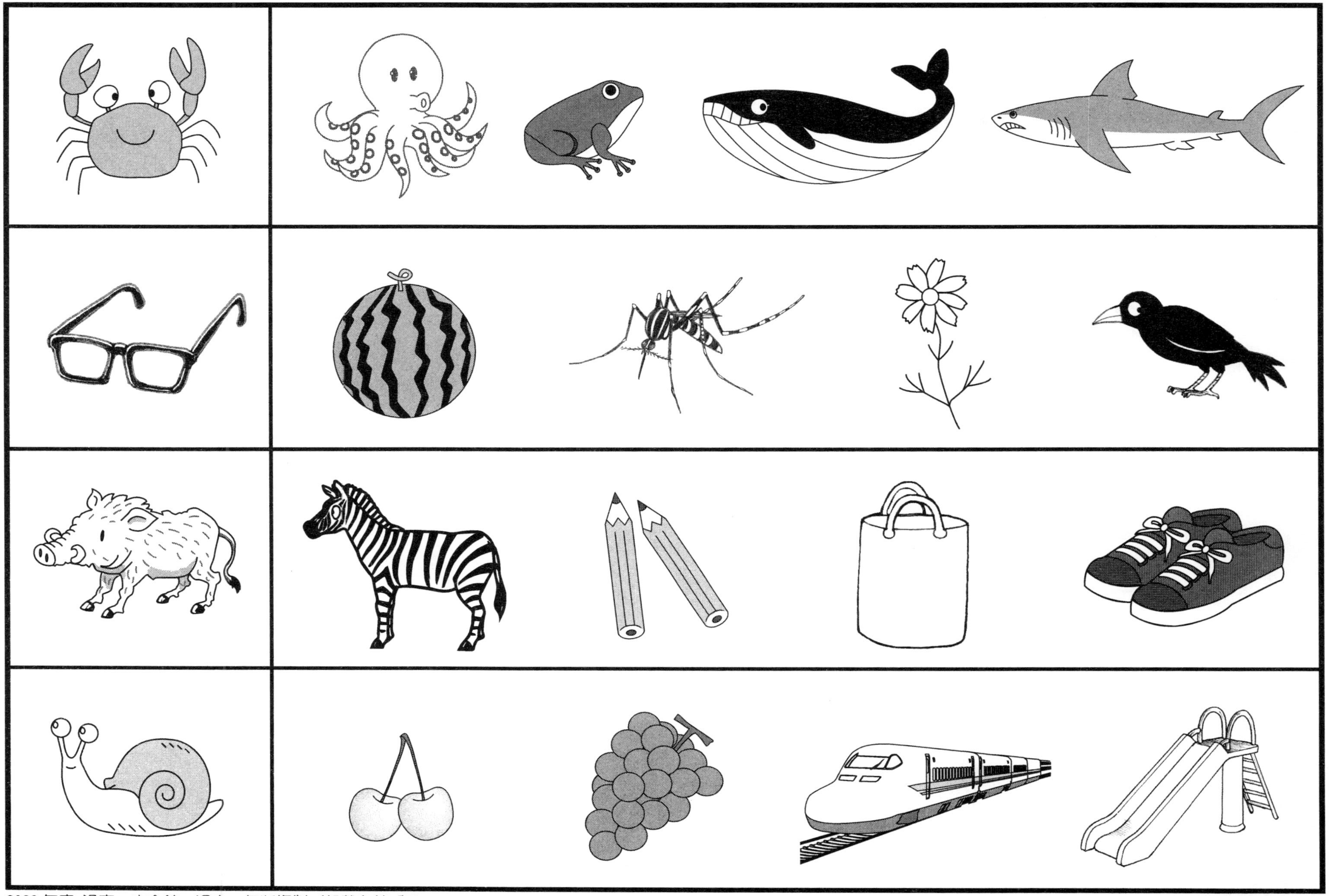

問題３１

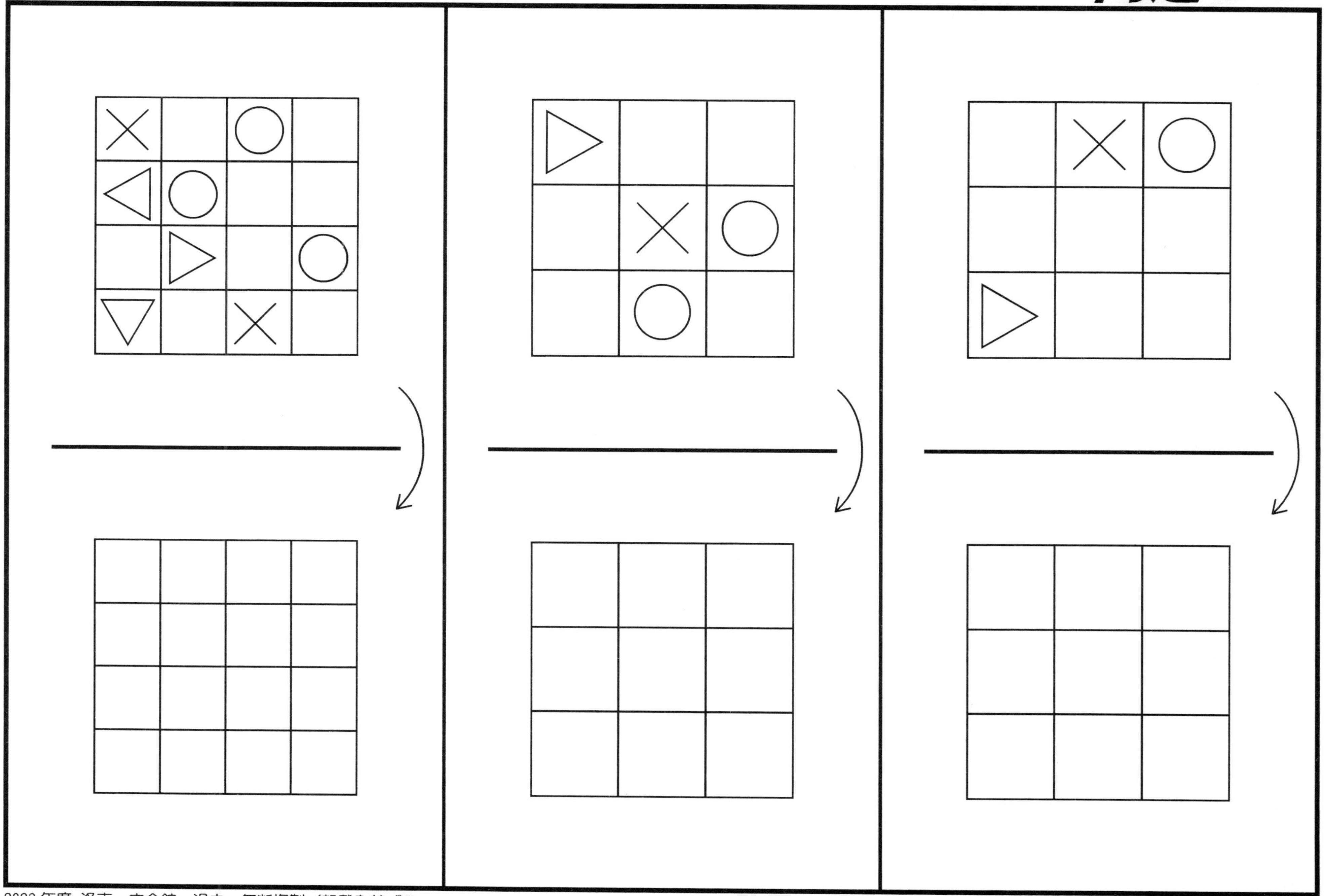

日本学習図書株式会社

問題３２

①

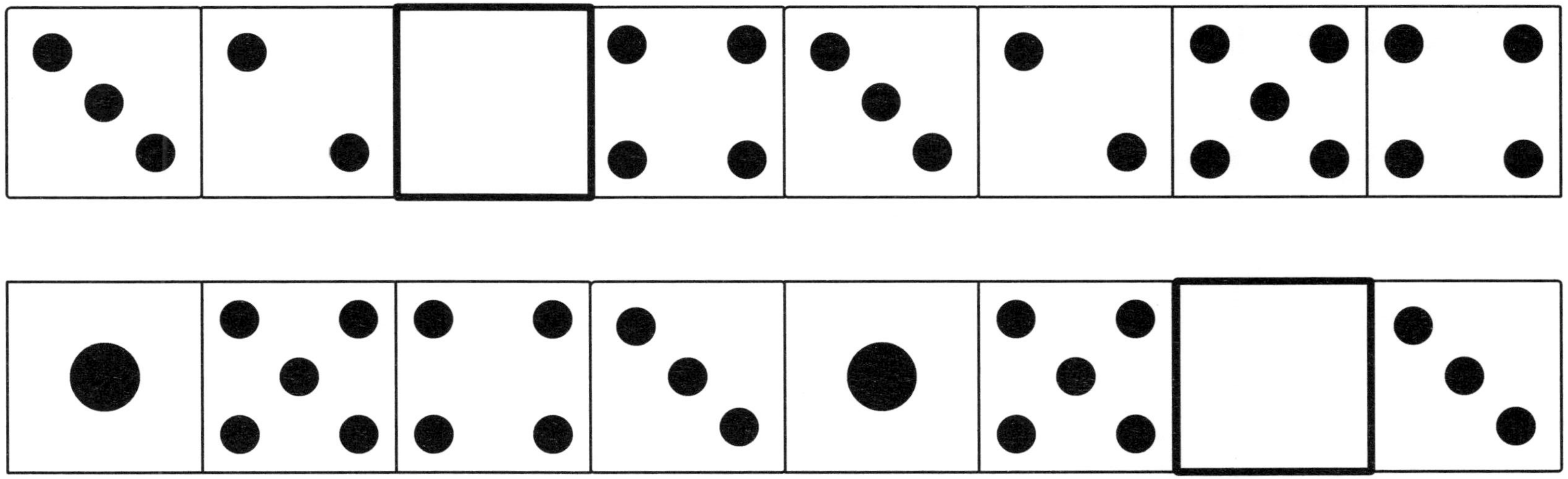

②

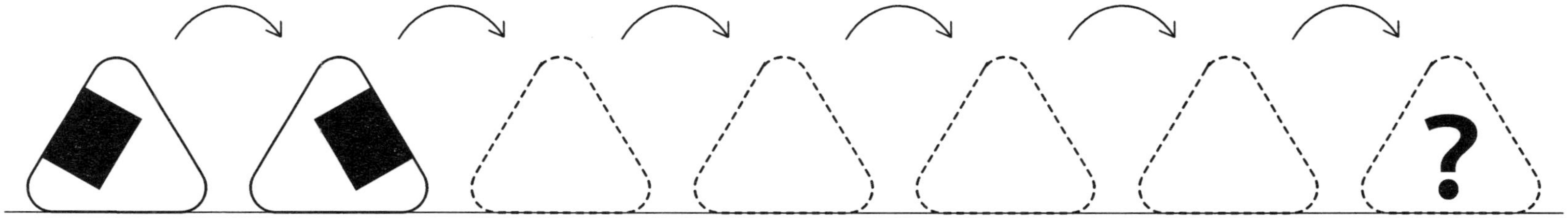

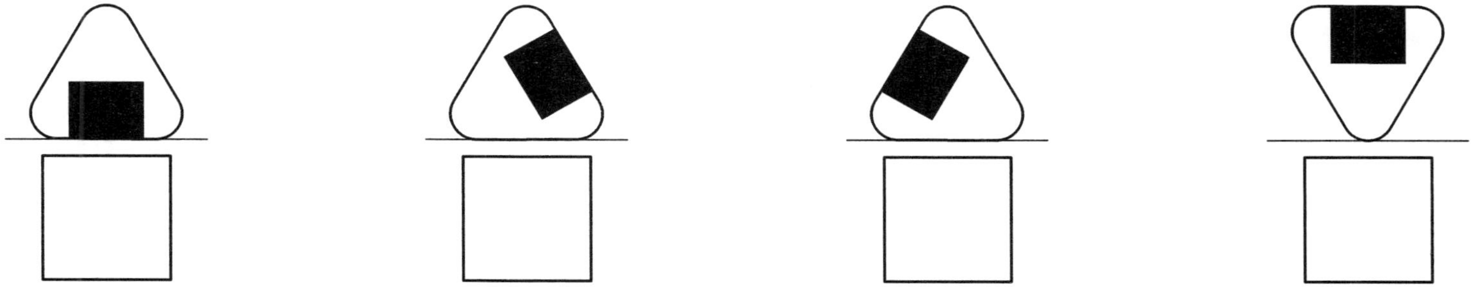

☆立命館小学校

問題３３

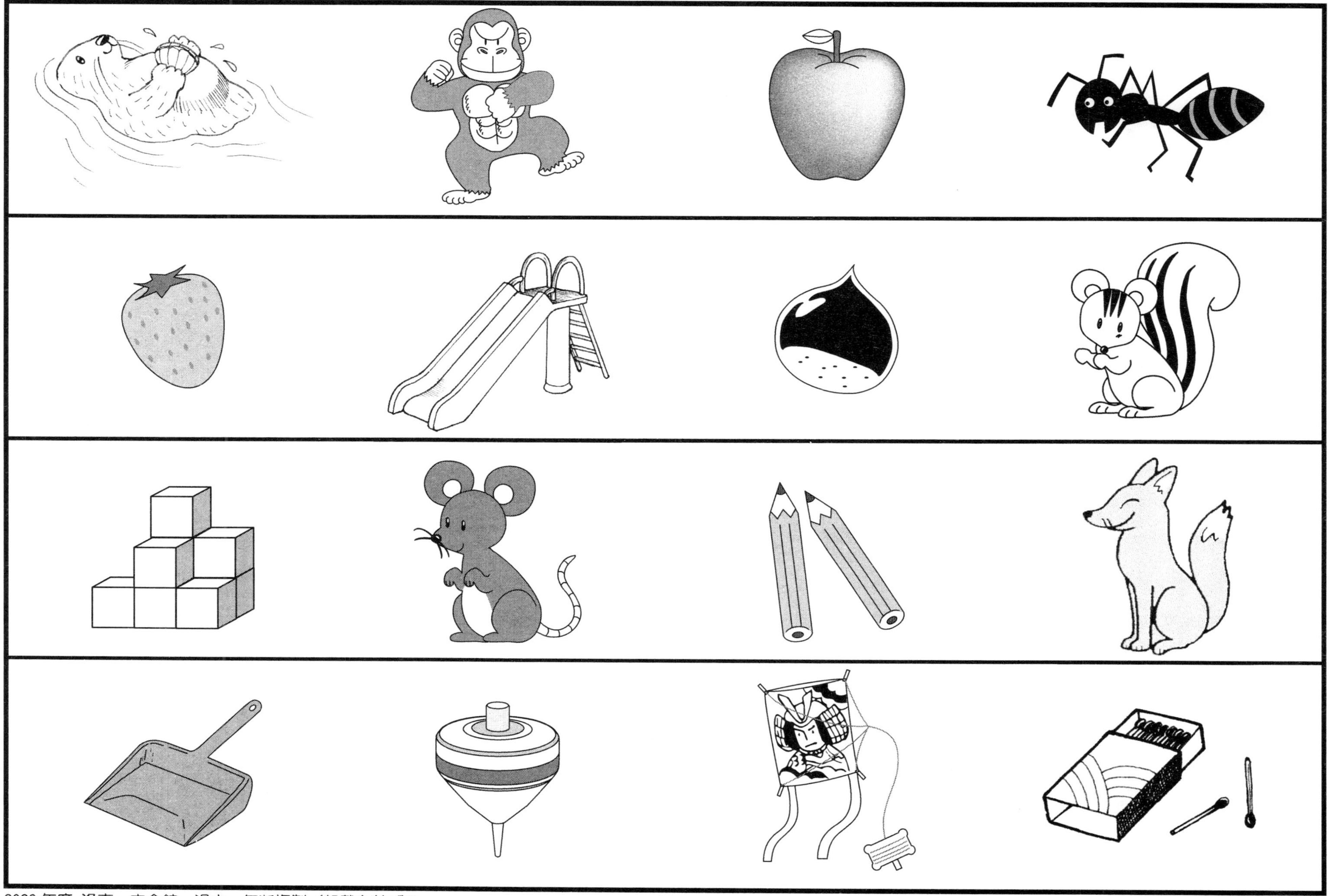

問題３８－１

①

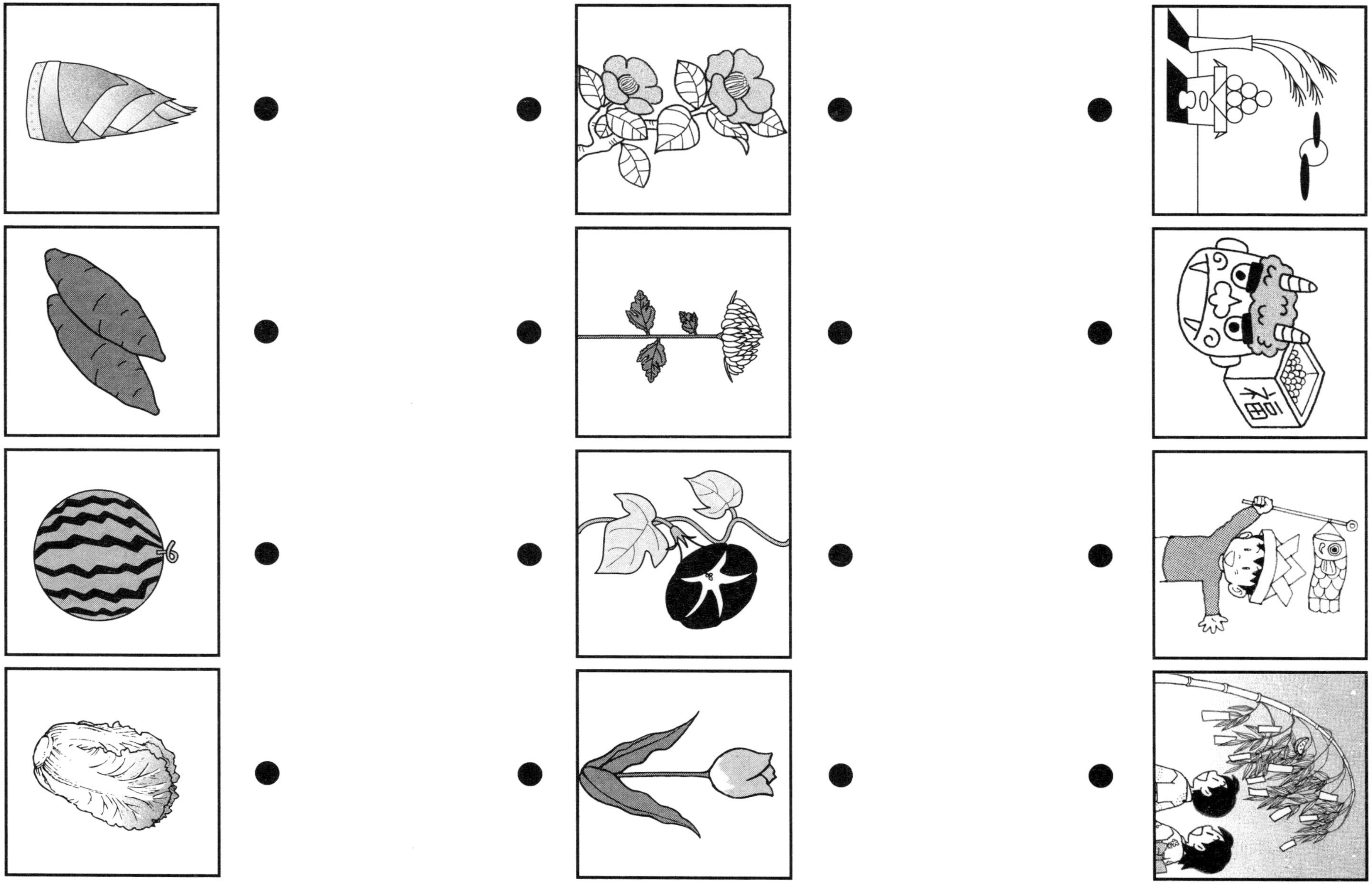

日本学習図書株式会社

☆立命館小学校

問題38－2

② 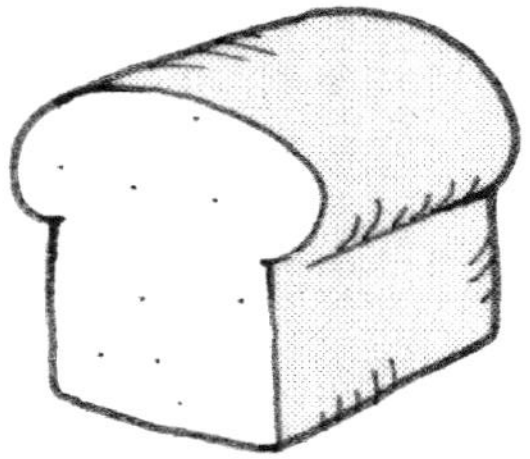	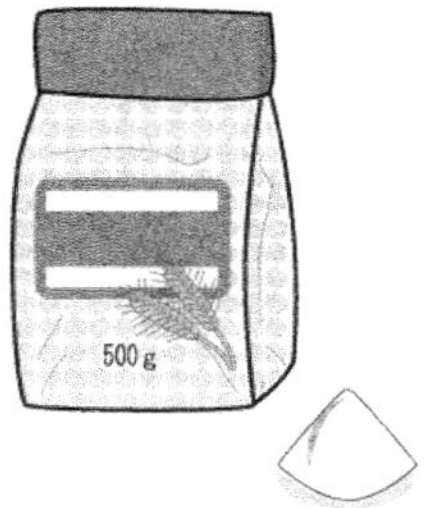	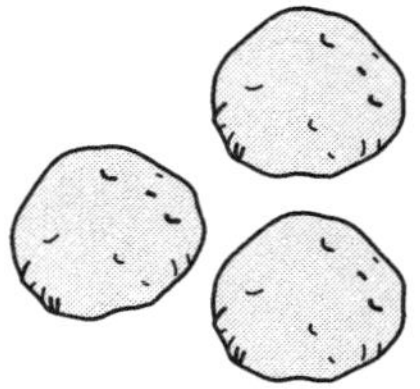	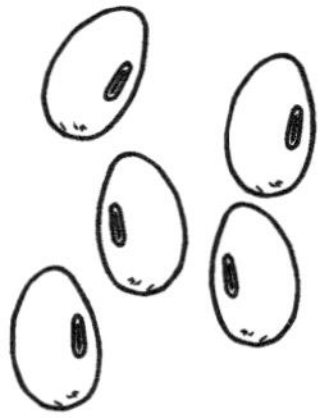
③ 			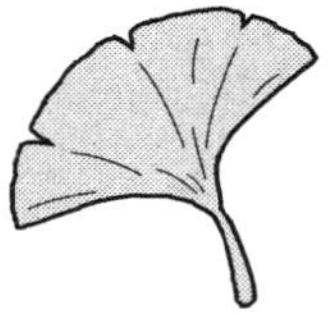
④ 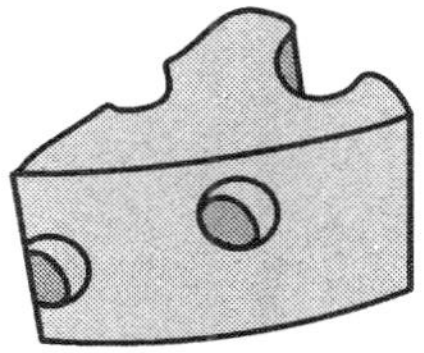			
⑤ 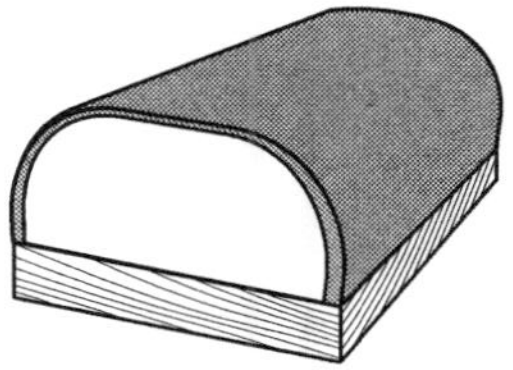			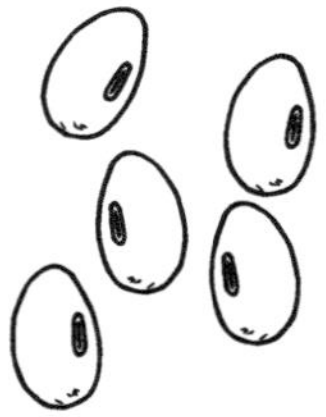

問題３９

①

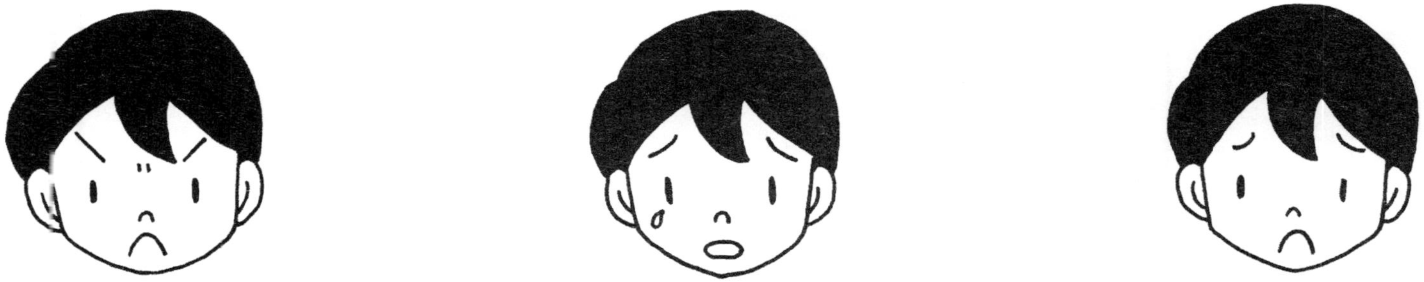

②

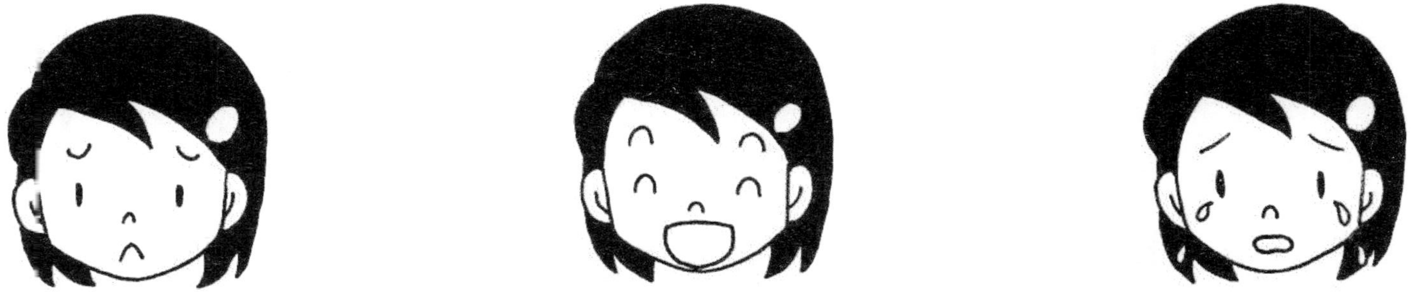

③

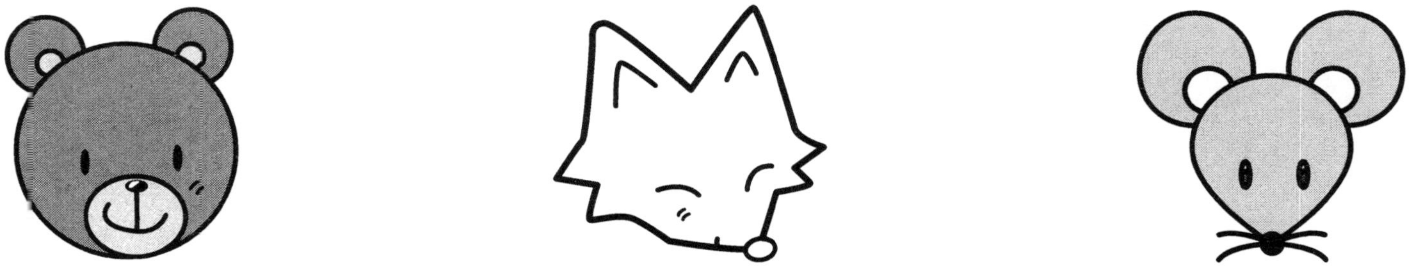

☆立命館小学校

2023年度 洛南・立命館 過去 無断複製／転載を禁ずる 日本学習図書株式会社

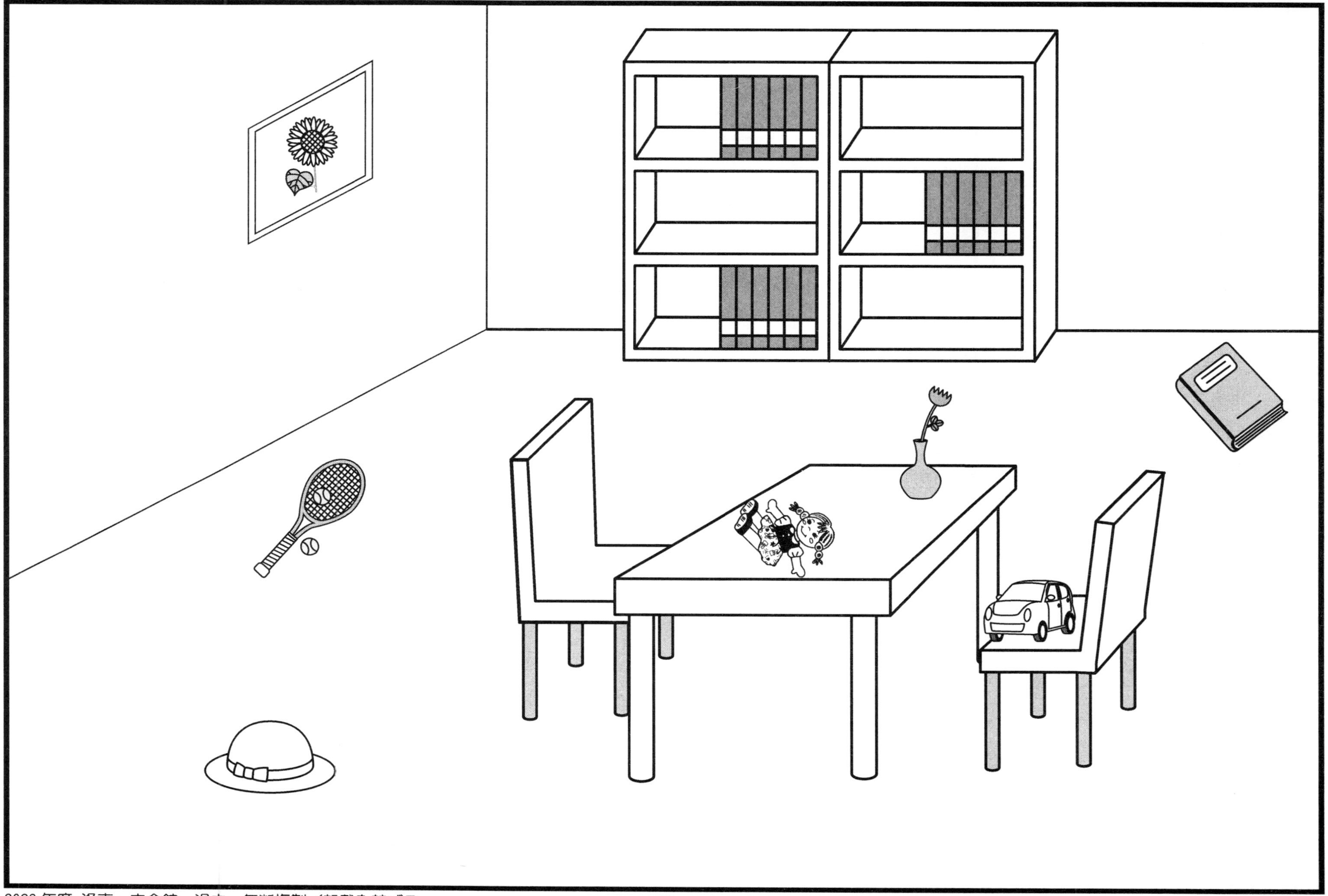

☆立命館小学校

問題４１－１

①

②

③

④

⑤

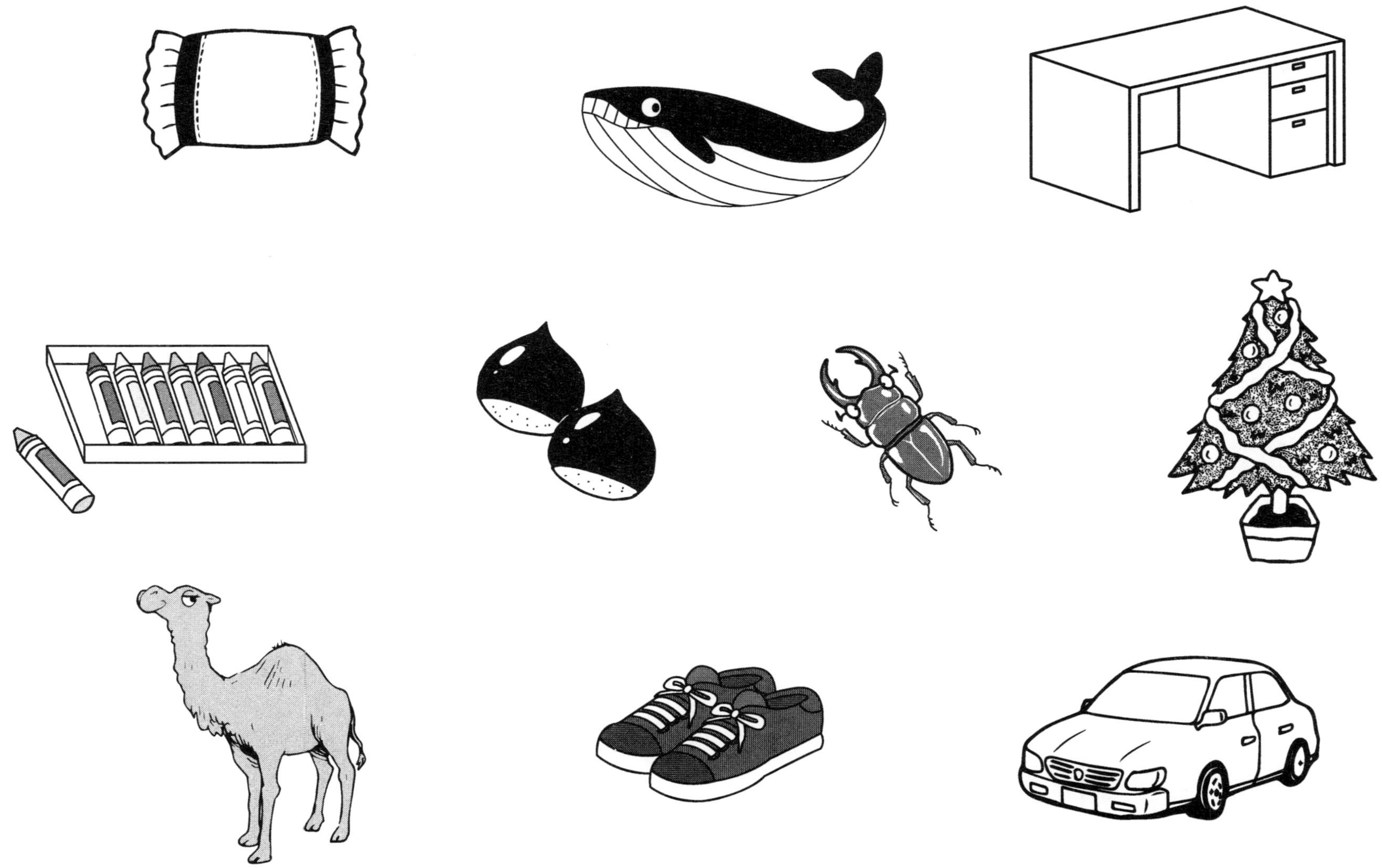

☆立命館小学校

問題４２

①

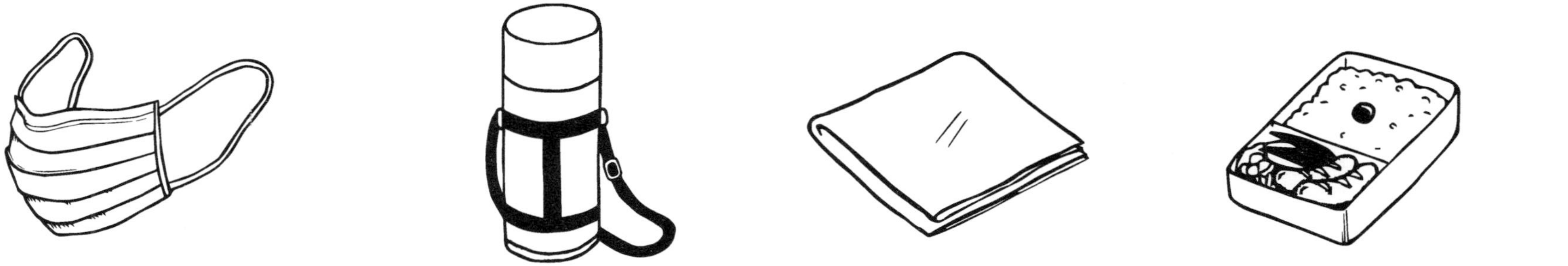

②

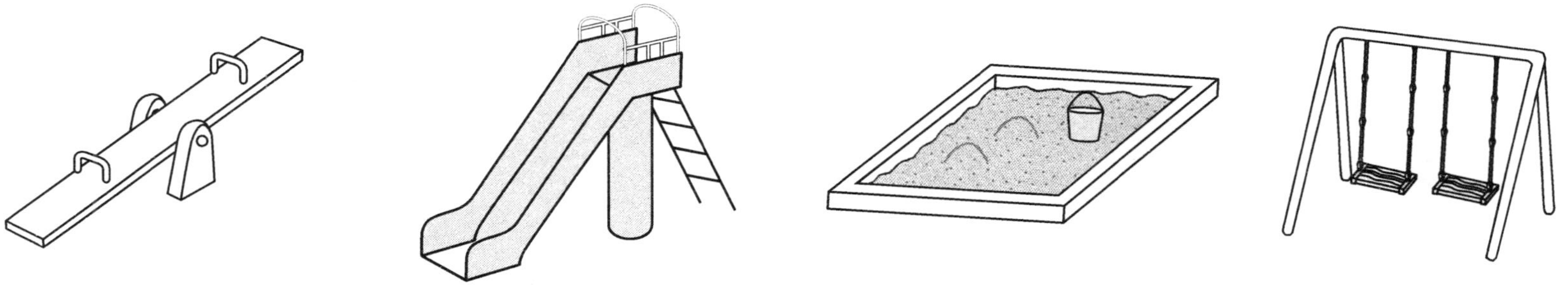

③

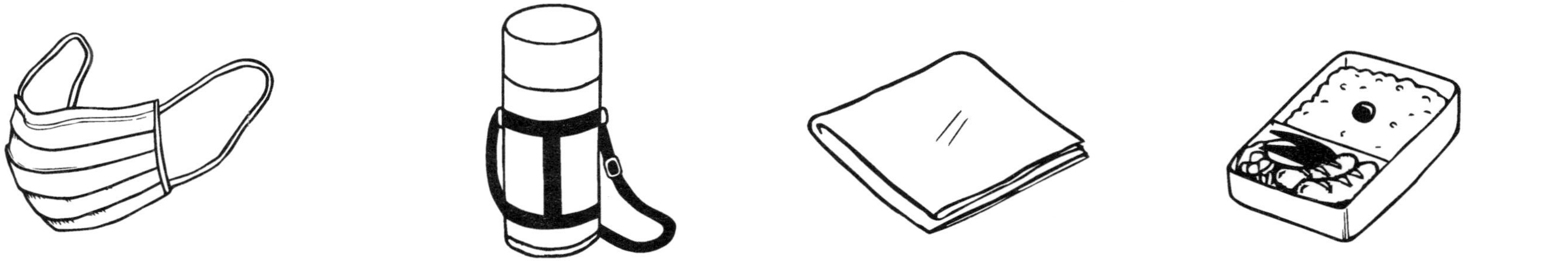

④

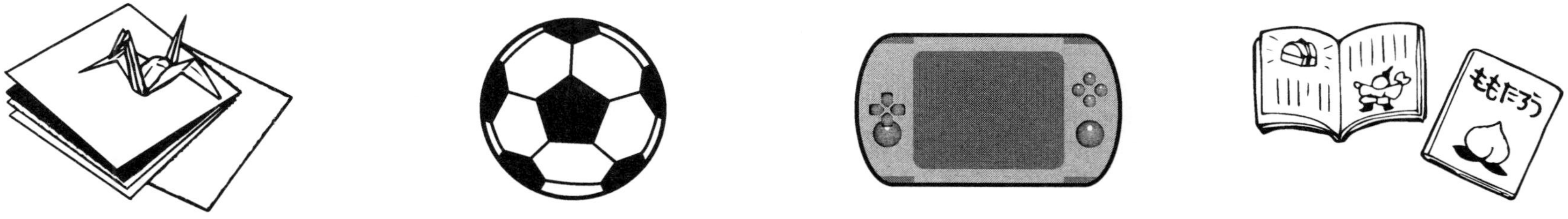

☆立命館小学校

問題４３

①

②

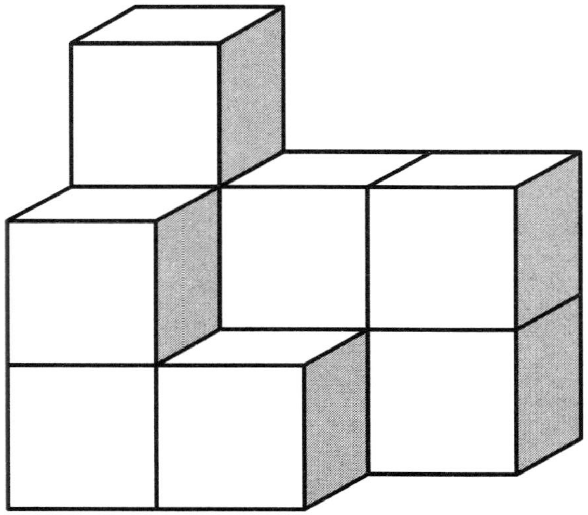

2023年度　洛南・立命館　過去　無断複製／転載を禁ずる　日本学習図書株式会社

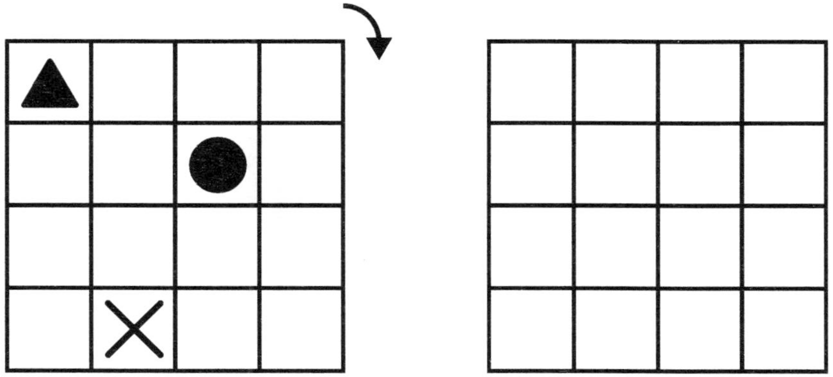

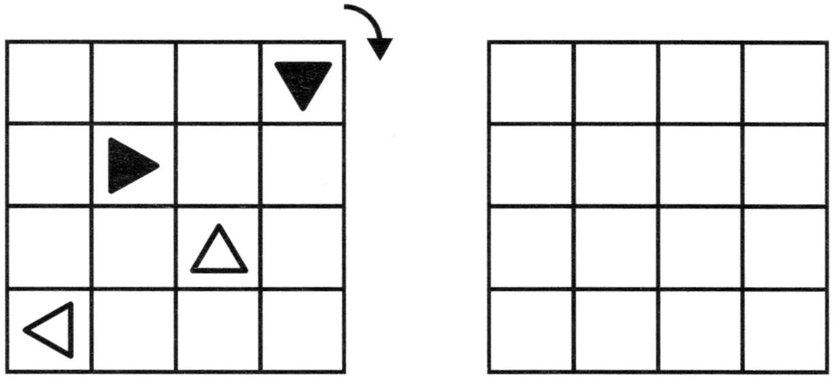

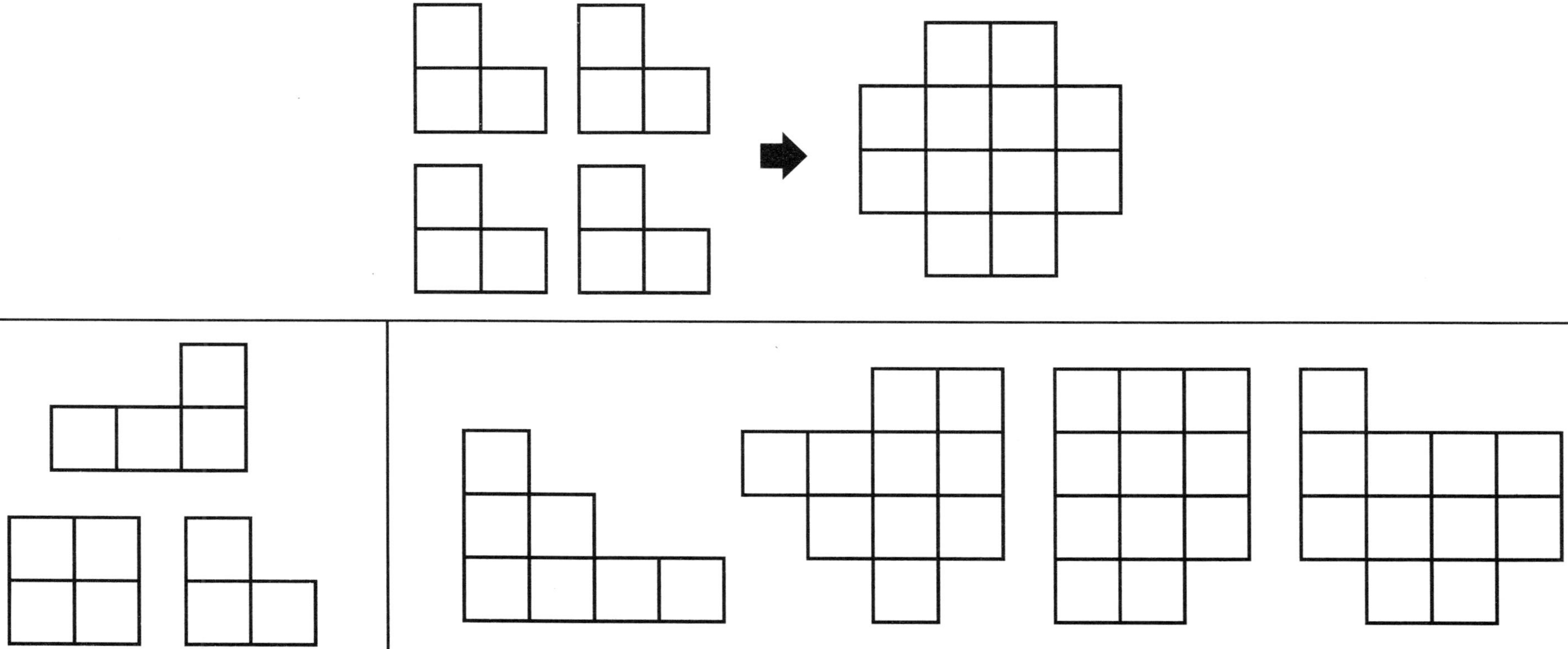

☆立命館小学校

問題45

①

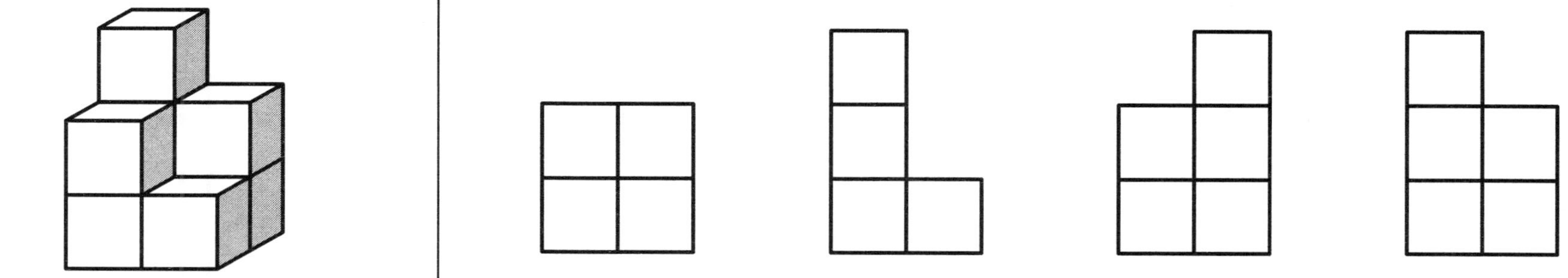

②

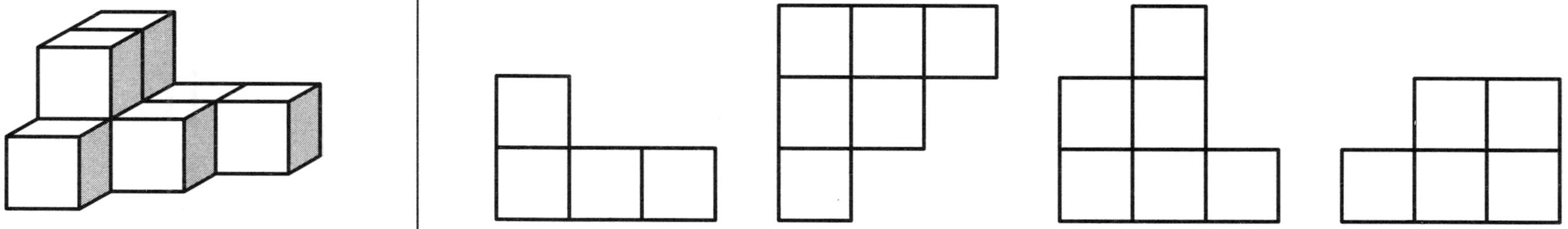

③

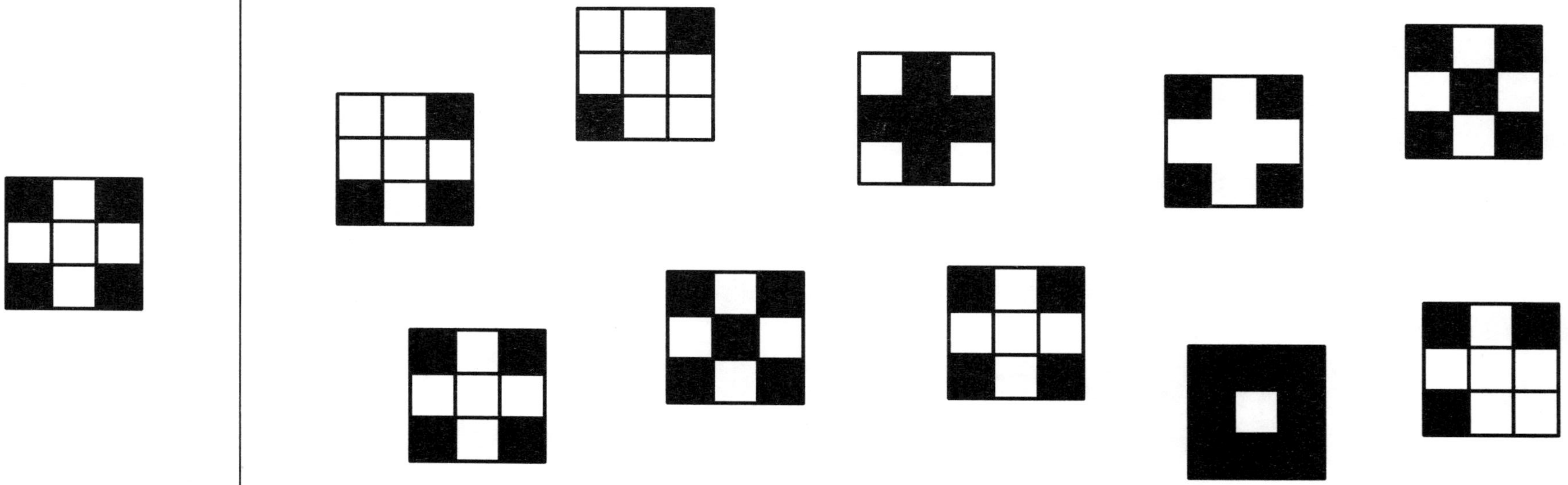

☆立命館小学校

問題４６－１

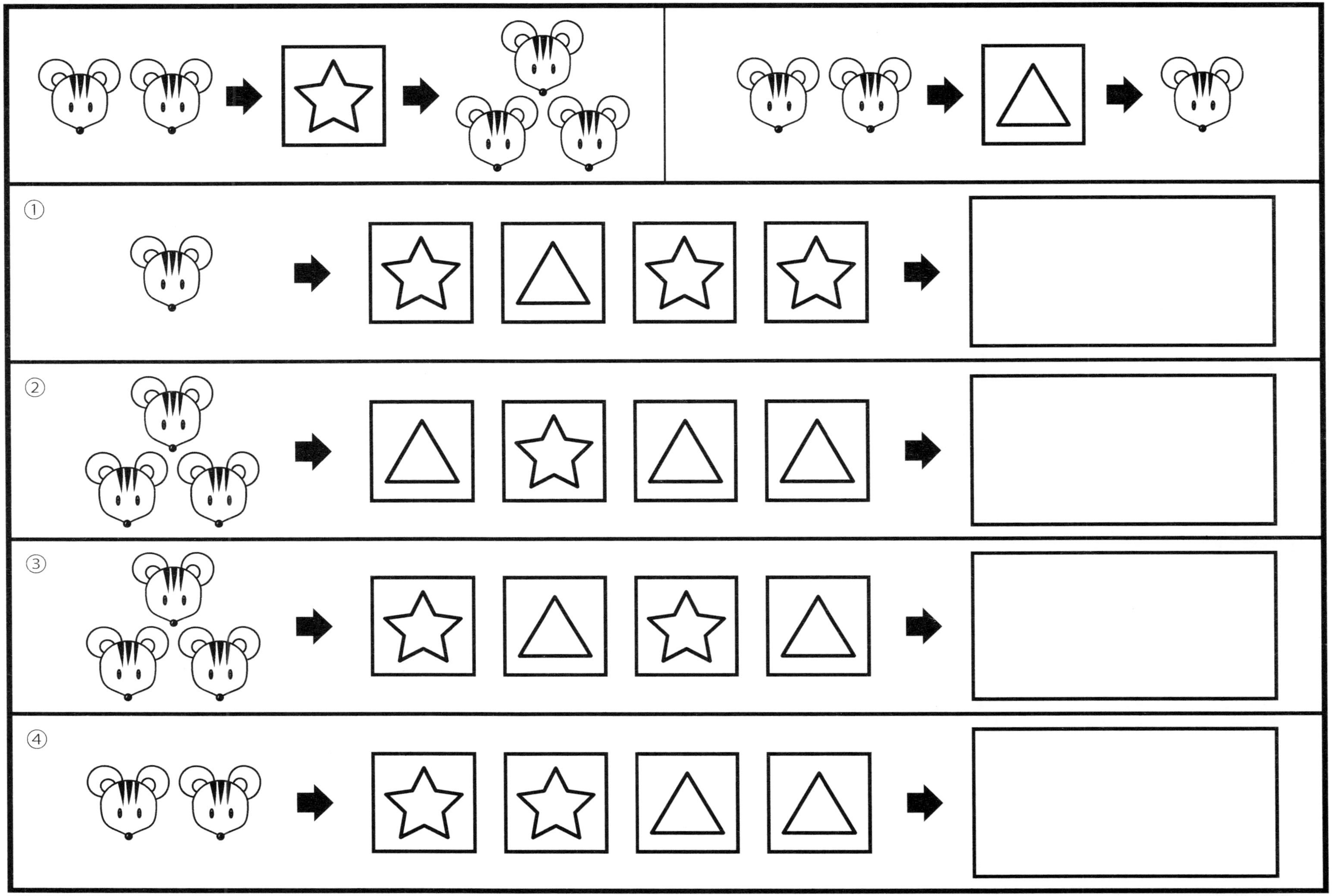

⑤

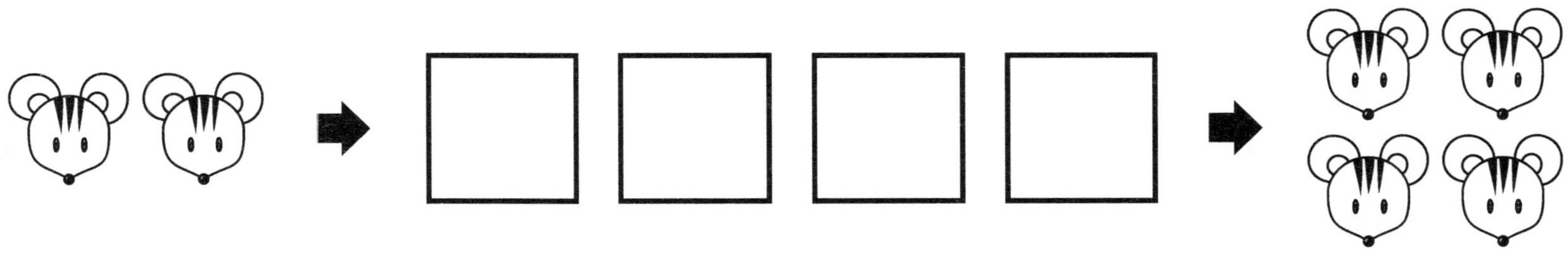

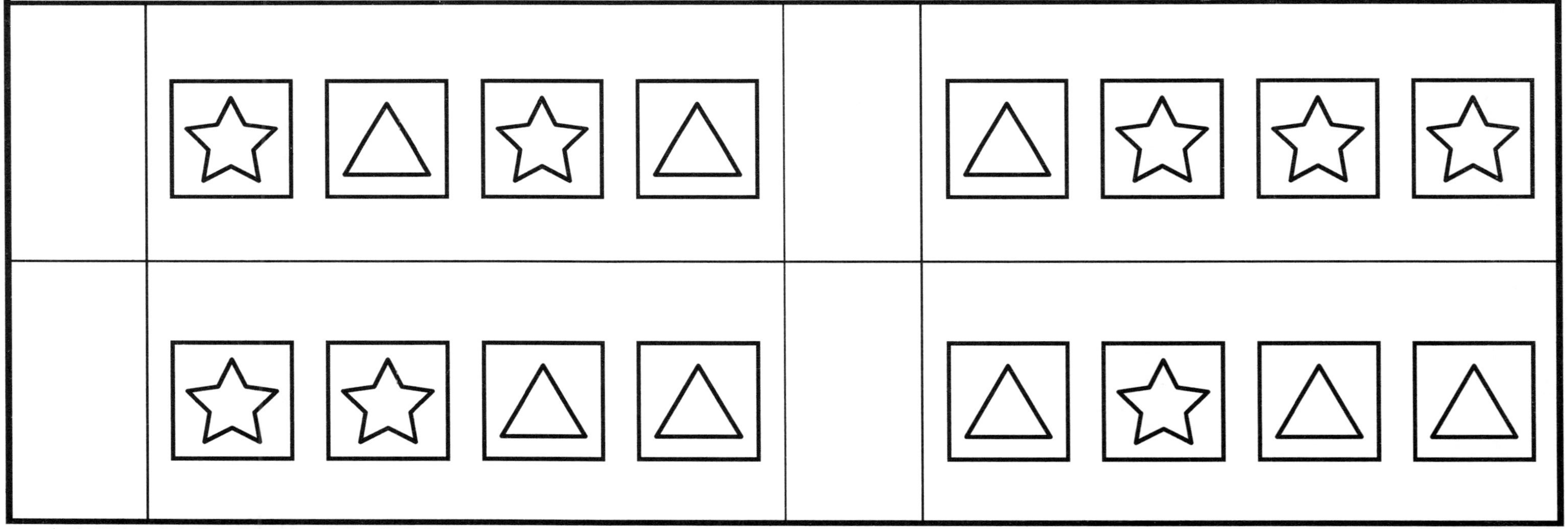

問題47

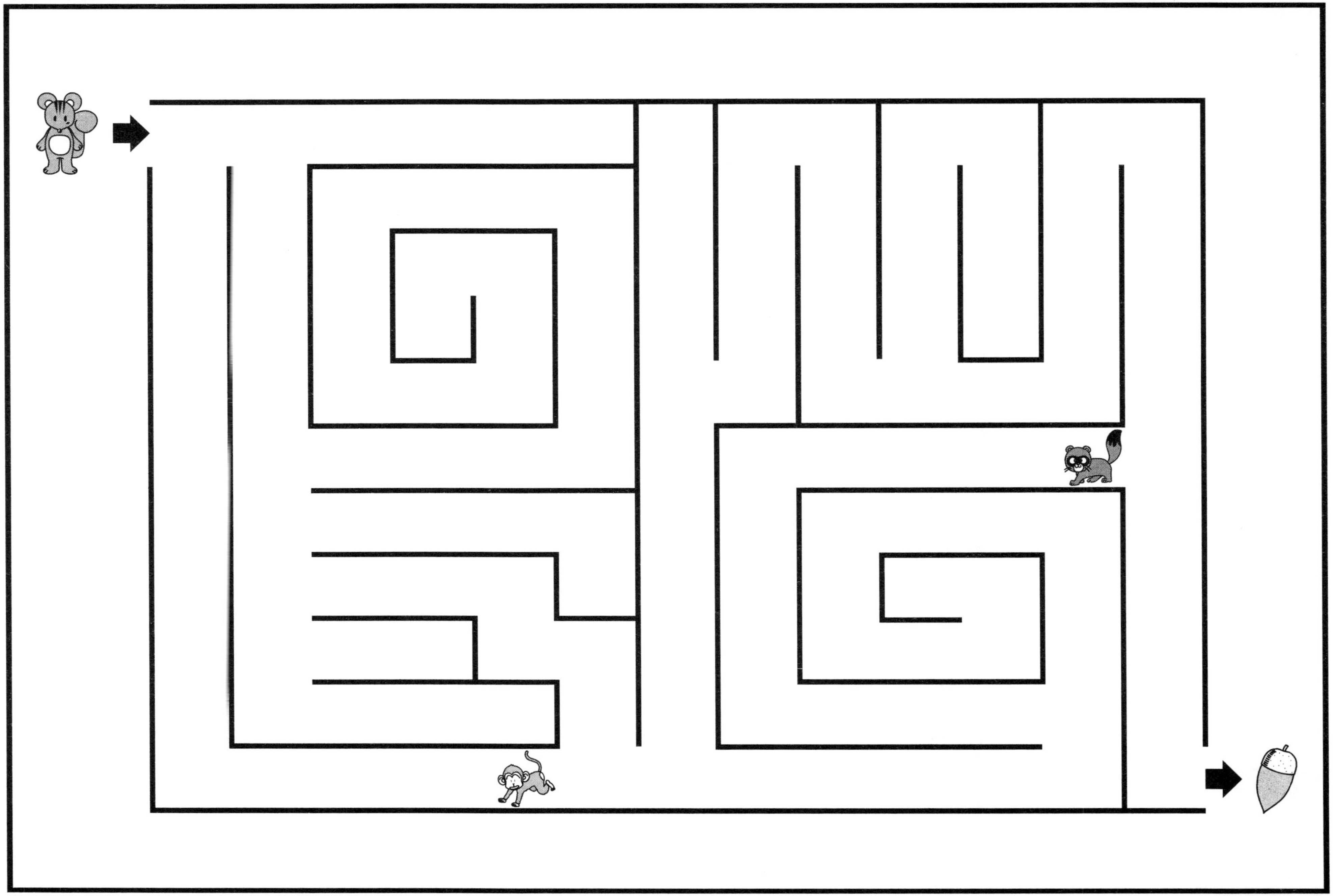

☆立命館小学校

問題４８

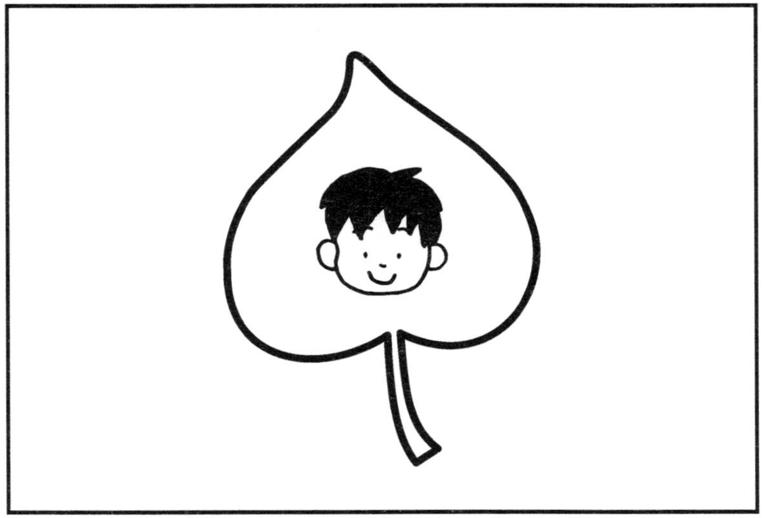

①葉っぱにクーピーで顔を描き、好きな色で塗る。

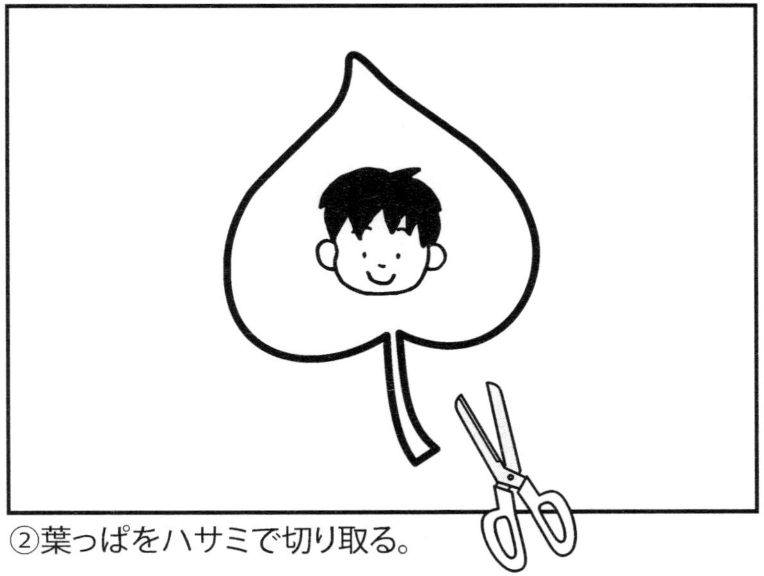

②葉っぱをハサミで切り取る。

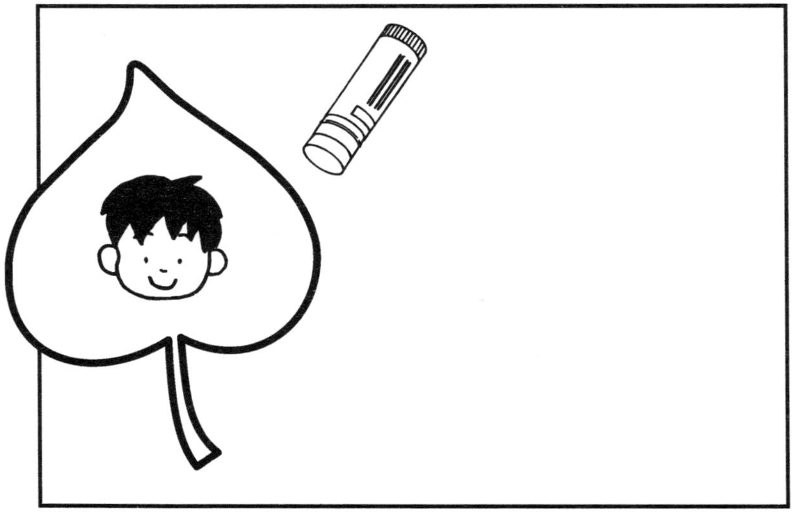

③切り取った葉っぱをもう１枚の画用紙に貼る。

問題４９

②

日本学習図書株式会社

2022年度入試
解答例・学習アドバイス

解答例では、制作・巧緻性・行動観察・運動といった分野の問題の答えは省略されています。こうした問題では、各問のアドバイスを参照し、保護者の方がお子さまの答えを判断してください。

問題22　分野：記憶（お話の記憶）

〈解 答〉　①真ん中（汗ふきタオル）　②右から２番目（バッタ）
③左から２番目（アサガオ）、右から２番目（ヒマワリ）
④真ん中（サクラ）　⑤左端（七五三）

お話の記憶としては、難易度は基本問題の部類に入ります。短いお話の中で設問が５問あることから、お話を全て記憶する力が求められます。お話の分量としては、絵本一冊分にも満たない量ですから、日頃の読み聞かせを通して記憶力の強化を図りましょう。このお話の問題は、設問③がわからないとそのあとの２問も間違えてしまいます。そのようなことから、しっかりと話を聞き取ることは重要です。お話の記憶は、急には力が伸びない分野の一つです。ですから、日々、読み聞かせを行い、少しずつ力を伸ばしていく他はありません。まして聞く力は、全ての学習の源でもあります。入学試験だけでなく、入学後のことも見据えて、読み聞かせを続けていただきたいと思います。

【おすすめ問題集】
１話５分の読み聞かせお話集①・②、お話の記憶問題集 中級編・上級編、
Ｊｒ・ウォッチャー19「お話の記憶」

問題23　分野：常識（いろいろな仲間）

〈解 答〉　下図参照

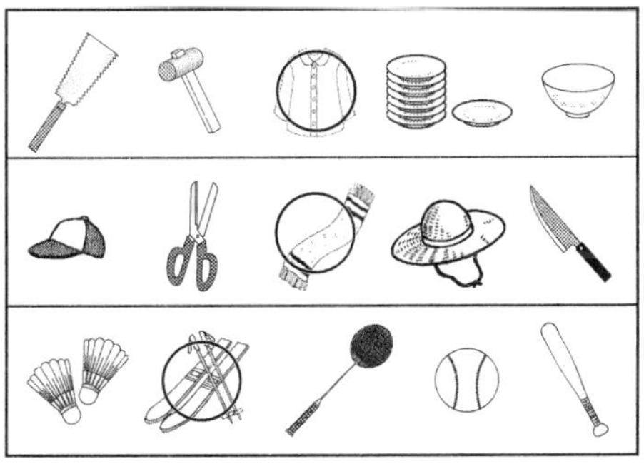

この問題は、それぞれの段で仲間を作り、仲間にならないものを解答する問題ですが、全てが同じ仲間ではありません。5つの選択肢の中で、仲間同士でペアを作っていきます。ですから、一つの観点に執着していると、上手くペアを作ることができません。観点を変えて観ていく必要があります。普段の学習のときから、いろいろな観点から着眼できるように意識付けの練習をしましょう。問題自体の難易度はそれほど高くはありませんが、実際の入試では、解答時間という別の制限があります。そのため、ゆっくりと構えて取り組むのではなく、スピードも踏まえて学習を行うようにしてください。

【おすすめ問題集】

Ｊｒ・ウォッチャー11「いろいろな仲間」

問題24　分野：常識（マナー）

〈解答〉　①真ん中（リス）　②真ん中（ウサギ）

このような常識の問題は、どれが正しいかという考えのほか、普段、自分がしていることがあるとインパクトが強く残り、それに印をつけてしまうということは、よくあることです。また、当校に限らず、常識問題は頻出分野となっています。特にコロナ禍になってから、お子さまの生活体験量は減っており、行動に関する常識問題は、苦手なお子さまが多い分野となりつつあります。そのため、学校側も、行動観察や行動の常識問題などには、重きをおく傾向にあります。特に、2023年度入学予定者は、幼稚園・保育園入園時からコロナ禍の影響を受けており、自粛期間を含めた生活体験の質、量の影響が大きな差となって表れるだろうと予想されてます。こうした差が、合否に直結するような差を生むことになると思います。ですから、常識分野に関する問題は注意が必要であり、正答できるようにしておいてください。

【おすすめ問題集】

Ｊｒ・ウォッチャー12「日常生活」、56「マナーとルール」

問題25　分野：数量（たし算・ひき算）

〈解答〉　①○：5　②○：8

短文のお話を聞き、数の増減を問う問題です。同時に、この問題は小学校受験の学習をする意味を教えてくれている問題でもあります。小学校受験では、この類の問題は、数の増減として取り組みます。その時、出題内容を頭の中でイメージとして操作し、解答を導いていきます。このときの力は、読み聞かせ、生活体験がベースとなります。入学後は、頭の中で、ものの操作を数字に置き換え、式にして解答を導き出していきます。近年、文章題が苦手な子どもが多いと言われていますが、それは、言われたことを、いきなり式にしようとするからです。学習のステップをしっかりと踏んでいれば、躓くことはありません。このように先のつながる学習が見えれば、今の学習の大切さが分かると思います。これは、数字に限ったことではなく、全ての学習にいえることです。

【おすすめ問題集】

Ｊｒ・ウォッチャー38「たし算・ひき算１」、39「たし算・ひき算２」

問題26　分野：数量（たし算・ひき算、見えない数）

〈解 答〉　①○：３　②○：４　③○：６

この問題は、数えていくことで解答を導き出すことが可能ですが、ベースは先の問題と同じで、頭の中でイメージを操作します。ただ、先ほどは数の増減でしたが、今回は８に対する補数の問題です。まずは、「８」という数字はどのような組み合わせになるのかを考えましょう。といっても、いきなり、「８」は大きすぎます。ですから、「８」を「５」と「３」に分解して考えていけば分かりやすいと思います。「５」の組み合わせは全部で６通りありますのでお子さまと確認をしましょう。②を例にすると、８両の内、４両が見えています。つまり、「５」にするにはあと「１」たりません。その「１」と「３」を足した「４」が解答となります。初めはおはじき等を使用して、理解させてください。解答だけを見つける近道はありますが、入学後を見据えた学習を心がけてください。

【おすすめ問題集】

Ｊｒ・ウォッチャー38「たし算・ひき算１」、39「たし算・ひき算２」、44「見えない数」

問題27　分野：記憶（見る記憶）

〈解 答〉　下図参照

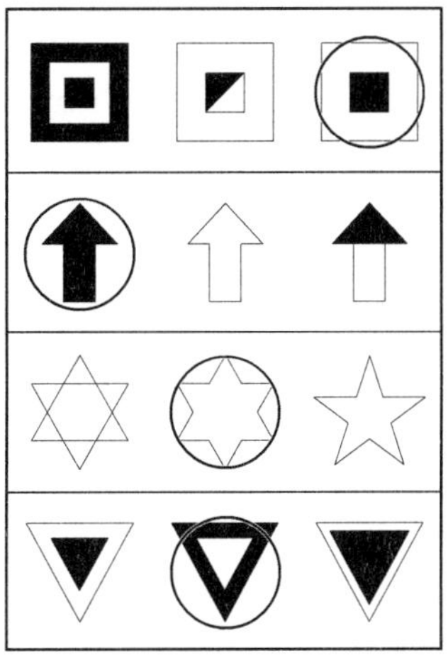

全体を見たとき、この問題は難易度が高く設定されています。記憶する種類は全部で８つありますが、そのうち答えは４つしかありません。見たもの全てを答えるわけではありませんから、お子さまも、解くときに混乱したと思います。また、選択肢は似た形になっており、しっかりと記憶しないと解答時に迷うと思います。お子さまが迷ったか、自信を持って解答したかは、お子さまが書いた解答記号をみれば分かります。自信を持って解答したものは、解答記号がきれいで力強い丸だと思いますが、悩んだり、自信がない場合、形が崩れていたり、一気に書かずに途中で止まったり、解答を書き直したりした跡が見えると思います。こうしたことからも、お子さまの理解度を把握することが可能です。こうした情報を上手に活用し、お子さまの学力の定着を図ってください。

【おすすめ問題集】

Ｊｒ・ウォッチャー４「同図形探し」、20「見る記憶・聴く記憶」

問題28　分野：数量（積み木）

〈解 答〉　下図参照

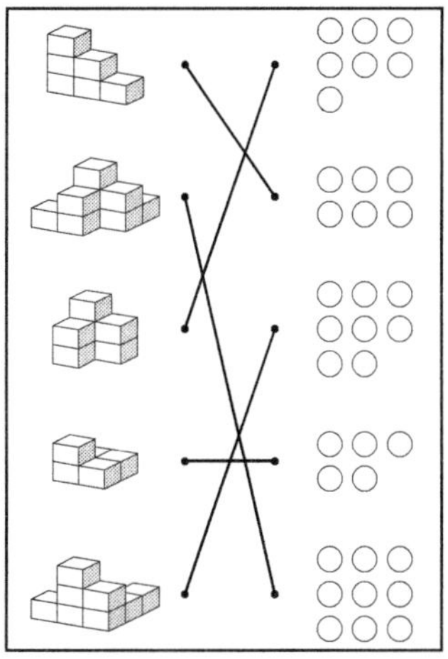

積み木の問題ですが、この問題は、お子さまが解答した順番をしっかりと見ていてください。よく見ると、全ての積み木が見えているものがあります。まずは、全て見える積み木から解答することで選択肢を絞ることができます。そうすることで、時間的な余裕が生まれ、他の問題をしっかりと見て、数えることができます。積み木の数の問題の学習方法ですが、保護者の方が丸つけをするのではなく、お子さまに、問題に描かれてある絵と同じように積み木を積ませて、お子さま自身で確認させることをおすすめします。間違えた問題があったときは、どこの積み木を数え間違えたのかを自分で把握できますし、間違えを知ることで、次の問題のときには同じミスをしないと思います。この方法をぜひお試しください。

【おすすめ問題集】
　Ｊｒ・ウォッチャー16「積み木」、53「四方からの観察　積み木編」

問題29　分野：図形（迷路）

〈解 答〉　下図参照

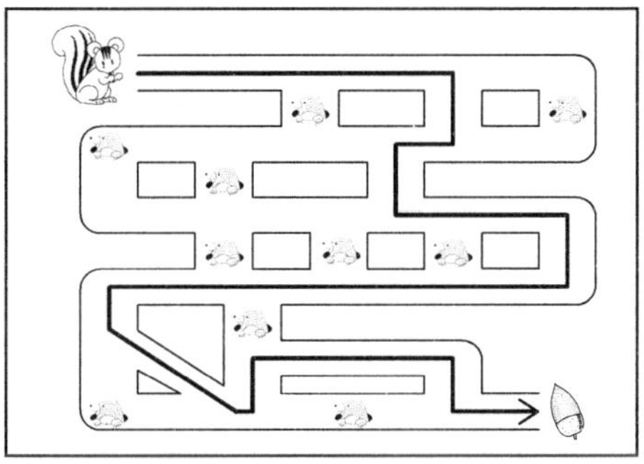

条件迷路の問題であり、運筆の要素を含んだ問題となっています。迷路としては難しい内容ではありませんから、問題をきちんと聞いていれば、すんなりと解答できるでしょう。しかし、問題が簡単な場合、軽く考えるようになり、集中力が欠ける場合があります。集中力が欠けてくると、線をまっすぐに書けなくなるお子さまもいます。お子さまの解答をご覧になり、線が迷路の壁に接していないか確認をしてください。同時に、筆圧がどうであったかもチェックしましょう。自信がなかったり、迷ったときなどは、自然と筆圧が低くなります。と同時に、独り言の有無も確認してください。試験の最中にブツブツしゃべりながら解答するのは、周りのお友だちに迷惑がかかり、よいことではありません。ですから、問題を解く場合は、独り言を控えるようにしてください。そして大切なことは楽しみながら取り組むことです。

【おすすめ問題集】
Ｊｒ・ウォッチャー７「迷路」、51「運筆①」、52「運筆②」

問題30　分野：言語（言葉の音遊び、言葉の音（おん））

〈解 答〉　下図参照

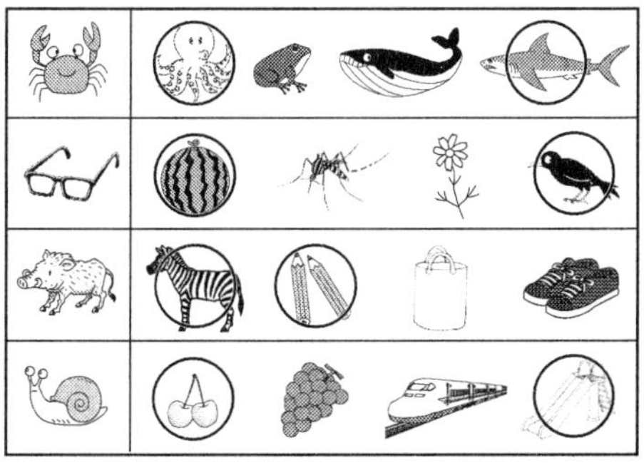

同じ音数のものを見つける問題ですが、特別難しいというものではありません。注意していただきたいのは、解答するとき声に出して確認をしていないかということです。迷路の問題同様、解答時に声を出して考えることは、ほかのお友だちの迷惑になるので、やめましょう。最後の問題は、「カタツムリ（５音）」と「デンデンムシ（６音）」、２つの呼称があります。どちらを選べばいいか迷ったお子さまもいると思いますが、解答を見ると、６音のものは一つしかありません。問題では、解答は２つとなっているため、この問題の解答は５音の「カタツムリ」と同じ音の数のものであると分かります。言語系の問題の場合、このような問題に直面することは、たびたびあります。そのような場合、慌てず、さまざまな方向から考えてみましょう。そうすることで、自然と悩みが解決します。

【おすすめ問題集】
Ｊｒ・ウォッチャー17「言葉の音遊び」、18「いろいろな言葉」、
60「言葉の音（おん）」

問題31　分野：図形（対称）

〈解答〉　下図参照

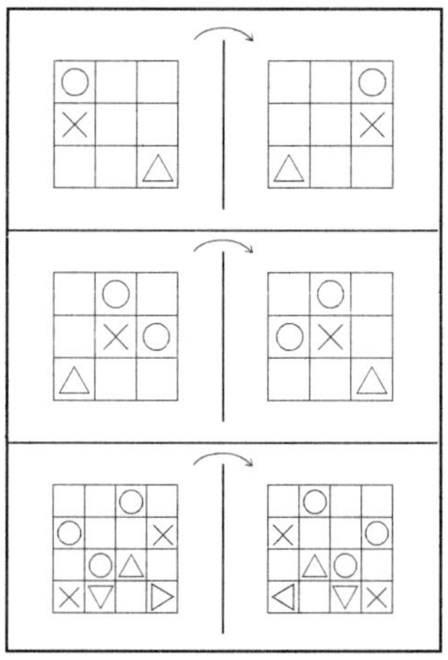

この問題は、難易度が易しい順に上から出題されています。そのため、上から順番に解いていけば、自然と学習していく状態になります。そう考えると、点の取りやすい問題といえるでしょう。このようなマス目を利用した対称の問題では、元の絵を見て、形が描かれている場所の位置関係をしっかりと把握すること、折り重ねると形の左右が反転すること、この２つを理解できているかがポイントとなります。その上で、左右非対称の形を折り重ねると、左右が逆になることも知っていなければなりません。こうしたことは言葉での説明は難しいので、鏡などを利用して、実際に映してみることをおすすめいたします。お子さまに余裕があるようでしたら、回転と対称の違いを確認するのもお勧めです。

【おすすめ問題集】

Ｊｒ・ウォッチャー８「対称」

問題32　分野：図形（系列）

〈解答〉　下図参照

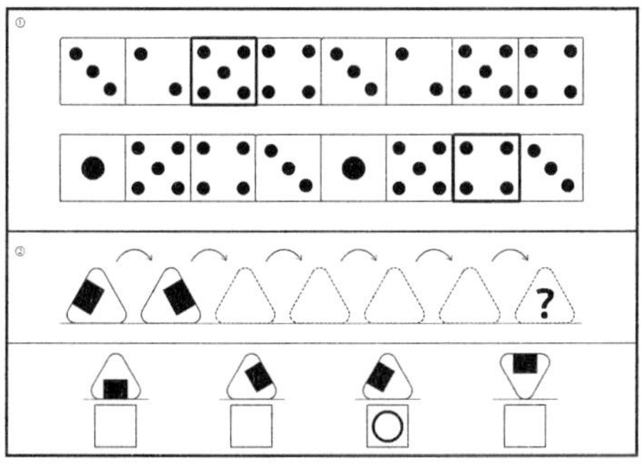

上の問題は、サイコロを回転させてどうなるかと考えると、非常に難しい問題ですが、系列の問題と同じだと発見できれば、簡単に解くことができます。つまり、理解度というよりも着眼点に影響される問題と言えるでしょう。一方、下の問題は、海苔の位置を順番に移動させていけば、３回転すると元の位置に戻ってくることがわかります。それがわかれば、後は、転がる順番に、どの位置に海苔があるかを、追いかけていけばよいだけです。どちらの問題も、学習ととらえるよりも、ゲームのような楽しい気分で取り組んだ方が、よい結果が出るのではないでしょうか。

【おすすめ問題集】
Ｊｒ・ウォッチャー６「系列」

問題33　分野：言語（しりとり）

〈解 答〉　下図参照

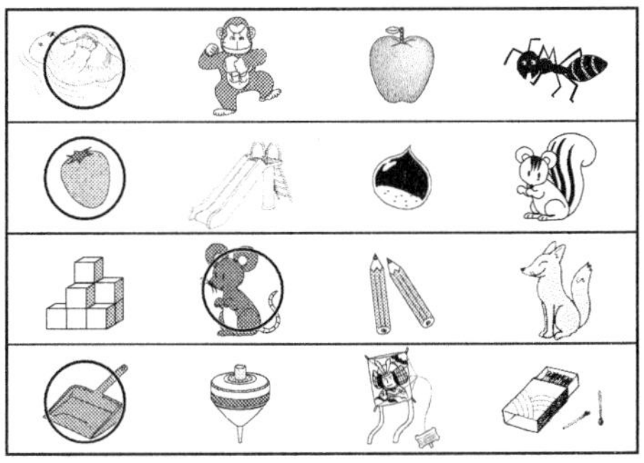

この問題は、よく見られるオーソドックスな問題です。スタート地点が指定されていないしりとりのため、どこからスタートしたらよいのか、困惑すると思います。そのような場合、落ち着いて、まずは２つの絵でペアを作ります。その後、そのペアの前後に続く絵を探していけば、しりとりが完成します。そして、問われている最後に来る絵を解答すれば、正解が得られます。この方法は、イラストの数が増えても同じです。しりとりは、いろいろな出題方法がありますが、どの問われ方をしても、言葉をつなげていく遊びの延長です。そのため、車の中など、ちょっとした時間にしりとりを取り入れ、楽しみながら経験数を増やしていってほしいと思います。ここに描かれてある名称が不明という方はいないと思いますが、今一度、名称を確認しておきましょう。

【おすすめ問題集】
Ｊｒ・ウォッチャー18「いろいろな言葉」、49「しりとり」

問題34　分野：行動観察（巧緻性）

〈解 答〉　省略

モニターに映し出される折り紙の折り方を見て、作業をする問題です。人は、対面で説明されるよりも、モニターを通して説明を受けた時の方が理解度が落ちるといわれています。これは、問題を録音機器を通して出題する場合も同じです。そのため、対面で出題されるときよりも集中力が必要になります。お子さまの集中力はいかがでしょうか。問題を解くことも大切ですが、言われたことを一度で理解する力、モニターを注目していられる集中力なども当校の入試では求められます。ここでは折り紙をしましたが、角と角はきちんと合っていますか。雑に折っていないでしょうか。そして、できあがったのもので楽しく遊べるでしょうか。これらの点をチェックしつつ、意欲的に取り組めるようにしましょう。

【おすすめ問題集】
　実践 ゆびさきトレーニング①・②・③、
　Ｊｒ・ウォッチャー23「切る・貼る・塗る」、29「行動観察」

問題35　分野：行動観察（指示行動）

〈解 答〉　省略

このような行動観察の出題は、結果よりも、言われたことを守っているか、意欲的に、積極的に取り組めているか、説明を聞くときの態度はどうかなどが観られます。コロナ禍で行われた入試のため、手をつなぐのではなく、両手に持ったリング同士をくっつけるという指示が出ましたが、意外に集中力を要します。しかも、両方のリングに気を使いながらですから集中力が必要です。タンバリンが鳴らされた数でグループを作りますが、できなくてもできなかったときの指示をしっかりと守れば、減点対象とはなりません。このような内容については、意欲的に楽しんで行うように心がけてください。

【おすすめ問題集】
　Ｊｒ・ウォッチャー29「行動観察」

問題36　分野：運動

〈解 答〉　省略

グループ作り同様、指示の厳守、意欲、積極性、態度面などが観られるのは変わりません。そこに丁寧さが加わったのが、この問題ということになります。そのため、グループ作りと、この問題で同じチェックが入った場合、早めに修正をしましょう。行動に関する修正は、時間がかかります。今のお子さまの行動は、保護者の方が育ててきた結果の表れですから、修正するにしても、染みついていることを直すためには時間がかかります。そして、行動に関する修正は、言葉だけでは改まりません。まずは、保護者の方が率先してお手本を示し、その後、どうしてそうなのかを考えさせ、実践に入りましょう。理解せずにしていると、指示行動と同じになってしまいます。

【おすすめ問題集】
新運動テスト問題集、Ｊｒ・ウォッチャー28「運動」、29「行動観察」

問題37　分野：面接（保護者・志願者面接）

〈解 答〉　省略

面接については、特別な内容が問われているわけではありません。家族、お子さまのこと、学校のこと、教育方針などに大別できます。質問の内容をみていくと、どの質問にしても、保護者としての考え、想いをきちんと持っていることが肝要であり、求められていることだと思います。当校の進学システムは、大学までの進学を見据えており、さまざまな学習プログラムも用意されています。その環境下において、お子さまの成長をどのように見据えているのかという考えは、大切だと思います。特別なことは求められいませんが、面接を受ける際のマナーはきちんと確認をしておいてください。面接当日は非常に緊張します。お子さまへの質問に関しても特別な内容はありません。聞かれたことに対して、すぐに返答できる内容です。しかし、自宅で練習をするときに、保護者の方は、意見と正解が違う場合もあるということを認識して取り組んでください。お子さまの意見は、正解を求められているのではありません。お子さまが思ったこと、考えたことであって、大切なのはそれをどのような表情、意欲で伝えるかです。お子さまの、いきいきとした表情が出せるよう、暖かな気持ちで包んであげてください。

【おすすめ問題集】
新 小学校受験の入試面接Ｑ＆Ａ、保護者のための面接最強マニュアル、
家庭で行う面接テスト問題集

問題38　分野：常識（季節、理科）

〈解答〉　下図参照

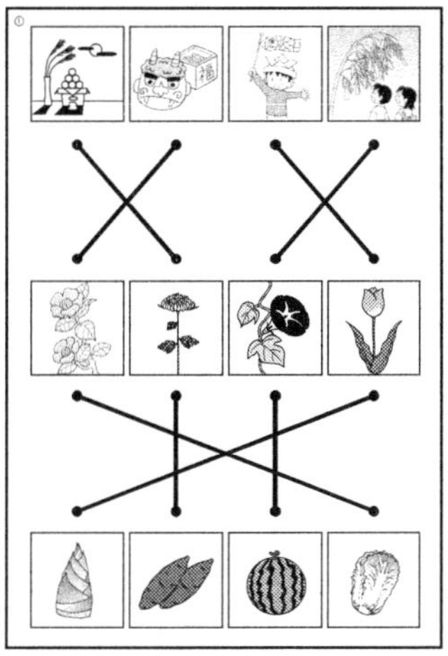

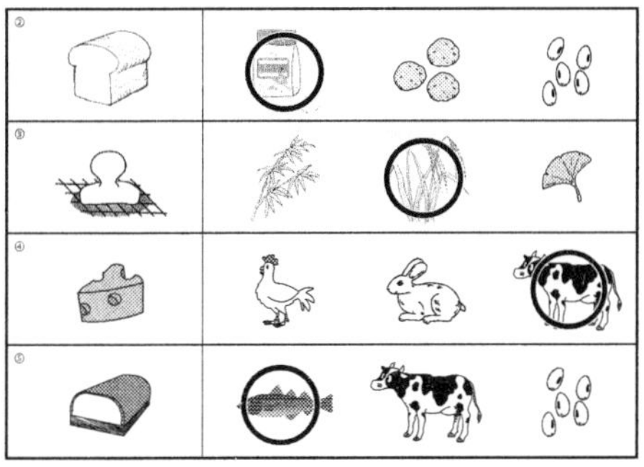

季節の問題は、当校では例年出題されているので、対策は必須です。行事、植物、野菜・くだものなど幅広く問われますが、受験のための知識ではなく、経験を通した知識として覚えていくことが大切です。ペーパー学習に偏らないように気を付けてください。食べものの原材料を問う問題は、近畿圏の小学校では時折見られるので、しっかりおさえておきましょう。とは言ってもペーパー学習として行うのではなく、生活の中で覚えていくことをおすすめします。買い物や料理をする時などにお子さまに質問すれば、実物を見ながら覚えることができるので理解しやすくなります。

【おすすめ問題集】
Ｊｒ・ウォッチャー27「理科」、34「季節」、55「理科②」

問題39　分野：常識（日常生活）

〈解答〉　①右　②真ん中　③右

本問ではこれまでにどんな体験をしてきたのかが観られています。そうした経験の中で、「相手の嫌がることはしない」「相手が困っていたら助けてあげる」といったことを学んでいきます。つまり、こうした常識問題はペーパー学習で学ぶものではないということです。お友だちとの関係や保護者の方の躾を通して、お子さまは「常識」を学んでいきます。保護者の方は、そうした経験をより多く積めるような環境を整えてあげることが大切です。小学校受験は、生活体験の延長線上にあるということを意識しながら学習を進めていくようにしてください。

【おすすめ問題集】
Ｊｒ・ウォッチャー12「日常生活」、56「マナーとルール」

問題40　分野：常識（日常生活）

〈解 答〉　下図参照

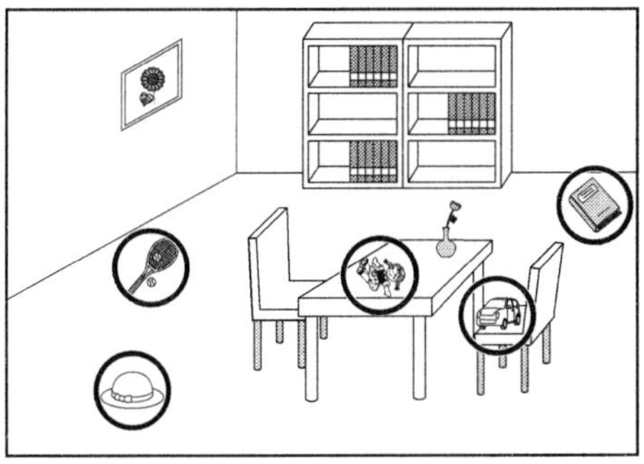

いつも部屋が散らかっていたり、お子さまが自分で片付けをしたことがなければ、本問を難しく感じてしまうかもしれません。ここでも保護者の方の躾が観られています。こうした問題はペーパーで行うより、ご家庭で本問を再現してみた方が理解しやすいでしょう。片付けの問題はペーパーではなく行動観察として出題されることが多く、試験で実際に片付けをすることもあります。その際に細かな指示をされることもありますが、「箱の中にきちんとしまってください」といった形で、どこに何をしまうのかをお子さま自身で考えなければいけないこともあります。こうした日常生活の一部も小学校受験で問われているのです。

【おすすめ問題集】

Ｊｒ・ウォッチャー12「日常生活」

問題41　分野：言語（しりとり、言葉の音）

〈解 答〉　下図参照

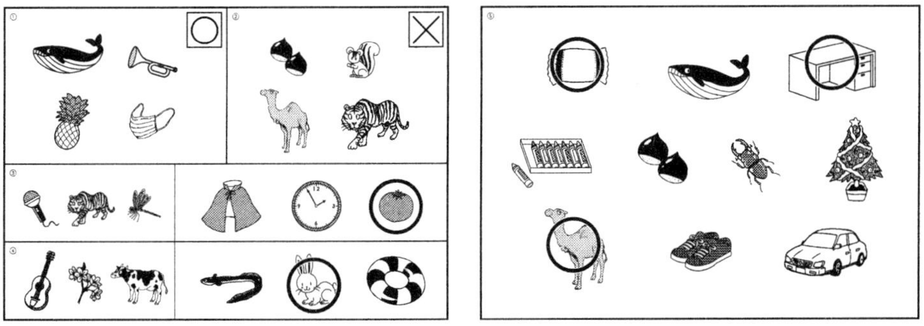

本文に共通しているのは、言葉を音としてとらえることができているかどうかということです。①②は言葉の終わりの音とはじめの音をつなげる、③④は言葉のはじめの音をつなげて言葉を作る、⑤は言葉の真ん中にある音を探すといった形です。小学校受験の言語問題では、言葉の音に関しての出題が中心になるので、言葉はいくつかの音からできているということをお子さまに意識させるようにしてください。日常生活の中でも１音１音はっきり言うことで、理解しやすくなると思います。特にお子さまの知らない言葉を伝える時には、より気を付けて話すように心がけてください。

【おすすめ問題集】

Ｊｒ・ウォッチャー17「言葉の音遊び」、18「いろいろな言葉」、
49「しりとり」、60「言葉の音（おん）」

問題42　分野：お話の記憶

〈解答〉　①左端（マスク）、右から２番目（ハンカチ）　②左端（シーソー）
③左から２番目（水筒）　④右から２番目（ゲーム）

お話が短く、質問もお話に出てくるものだけなので、お話の記憶の基礎の基礎と言える問題です。読み聞かせなどを通じて、お話を聞く習慣が身に付いていれば、特別な対策をしなくても解くことができるでしょう。ただ、簡単な問題は誰にとっても簡単な問題です。本問がすべてできたからと言って、あまり合否には影響しないでしょう（ほとんどのお子さまが正解していると考えられるので）。逆にできなかったとしたら、大きなマイナスになりかねません。このように、確実に正解しなければいけない問題があります。そうしたところを保護者の方がしっかり見極められるようにしてください。

【おすすめ問題集】
1話5分の読み聞かせお話集①・②、お話の記憶問題集 初級編・中級編、
Ｊｒ・ウォッチャー19「お話の記憶」

問題43　分野：数量（たし算・ひき算、数える）

〈解答〉　①○：3　②○：10

実際の入試の時には即答できるようになっていたいものです。そのためには、ペーパーを数多くこなすのではなく、「もの」を使った学習を通して、数や図形の感覚をつかめるようにしてください。感覚と言っても、持って生まれたセンスのようなものではなく、経験を通して得られるものです。まずは、おはじきや積み木などを使って本問を再現してみてください。ペーパー上で行うのではなく、①であれば10個のおはじきから４個と３個を取り除く、②であれば問題と同じように積み木を積んで数えてみるのです。「もの」を使うことでさまざまな問題を作ることもできるので、多くの経験を積むことができます。実際に見て動かして感じることで得られる経験が、数量や図形の感覚につながっていくのです。

【おすすめ問題集】
Ｊｒ・ウォッチャー14「数える」、38「たし算・ひき算１」、
39「たし算・ひき算２」

問題44　分野：図形（回転図形、図形の構成）

〈解答〉　下図参照

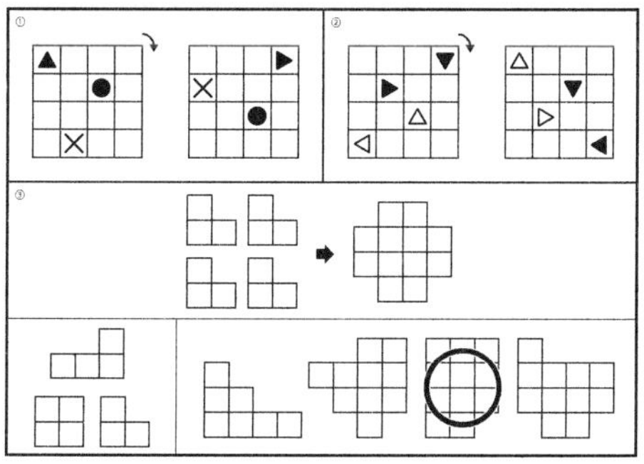

小学校受験の図形問題では、形を動かすことができるかどうかがポイントになります。①では回転させる、②では組み立てる（構成する）ということです。入試ではこうしたことを頭の中で行わなければいけません。ただ、はじめから頭の中で形を動かすことは、お子さまにとって難しい作業になります。ですが、紙を動かすことは難しくはありません。①では解答用紙をまわせば答えは見つかります。②でも左の３つの形を切り取って選択肢に当てはめていけば答えは見つかります。実際に手を動かし目で見ることの繰り返しがペーパー学習の土台となるので、「もの」を使って実際に体験するということをおろそかにしないようにしてください。

【おすすめ問題集】

Ｊｒ・ウォッチャー46「回転図形」、54「図形の構成」

問題45　分野：図形（四方からの観察、同図形探し）

〈解答〉　下図参照

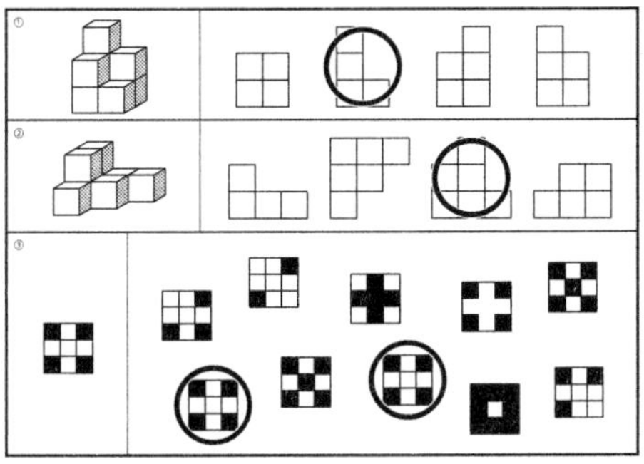

どちらの問題も求められる力は観察力なのですが、四方からの観察の場合、違った視点から見た形を想像する力も求められます。①②では「正しくない形」を選ばなければいけません。他者からの視点で見て、しかも正しくない（見えない）形を考えるというのは、保護者の方が考えている以上にお子さまにとっては難しい問題と言えるでしょう。まずは、正しいもの選び、消去法で正解を見つけていくというステップを踏むことをおすすめします。難しく感じた時は、いくつかのステップに分けることで、答えにたどり着きやすくなることがあります。保護者の方は、お子さまがどこでつまずいているのかを把握し、適切な声かけをしてあげられるようにしてください。

【おすすめ問題集】

Ｊｒ・ウォッチャー４「同図形探し」、53「四方からの観察　積み木編」

問題46　分野：推理（ブラックボックス）

〈解答〉　①○：３　②○：１　③○：３　④○：２　⑤右上

「☆＝１匹増える」「△＝１匹減る」という、わかりやすい問題なので確実に解けるようにしておきましょう。はじめのうちはおはじきなどを使って、増える減るを目に見える形で解いていくと理解しやすくなります。また、増減をまとめてしまうという方法もあります。箱ごとに考えるのではなく、先にすべての箱をひとまとめにしてしまうのです。本問を数量の問題としてとらえると言ってもよいでしょう。例えば、①の箱を「＋１」「－１」「＋１」「＋１」ととらえ、まとめて「＋２」と考えれば、答えは３匹になります。このように問題の解き方は１つとは限らないので、保護者の方はお子さまのやりやすい方法をいっしょに考えてあげるようにしてください。

【おすすめ問題集】
Ｊｒ・ウォッチャー32「ブラックボックス」

問題47　分野：推理（迷路）

〈解答〉　下図参照

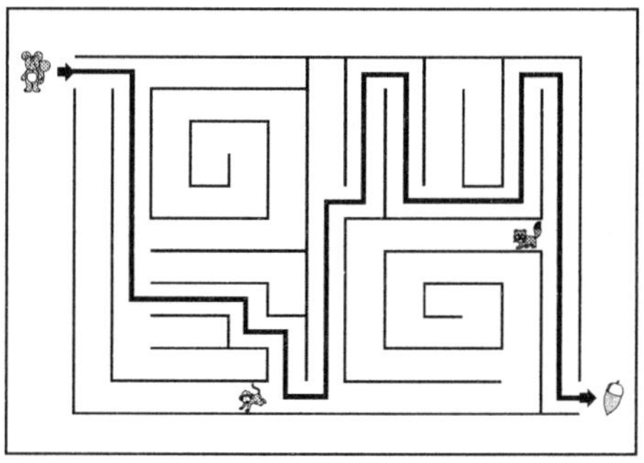

いきなり線を引き始めるのではなく、まずゴールまでの道筋を考えるようにしましょう。手を動かす前に頭を動かすということです。線の引き方を見ればお子さまがどう考えながら進んでいるのかがわかるのものです。迷いながら進んでいるのか、道筋が見えていてスムーズに進んでいるのか、しっかりと先を見据えている方がよいのは言うまでもないでしょう。迷いながらではどうしてもきれいな線にはなりません。また、迷路のテクニックとしてゴールからスタートに進んでいくという方法がありますが、小学校受験としてふさわしいとは言えませんし、反対に進んだことは採点者にもわかってしまうでしょう。

【おすすめ問題集】
Ｊｒ・ウォッチャー７「迷路」

問題48　分野：制作

〈解 答〉　省略

巧緻性としても、指示行動としても難しい作業はありません。問題をよく聞いて、指示通りに進めていきましょう。制作の問題で制作物の出来が問われることはそれほど多くありません。制作物という結果よりも、指示を守っているか、道具をうまく使えているかなどの方がよく観られていると言ってもよいでしょう。それは、制作だけでなく、行動観察や口頭試問などのノンペーパーテスト全般に通じることです。ご家庭で課題を行う時も結果だけを見るのではなく、途中経過もしっかりと観ておくようにしてください。もちろん、作業が終わって片付けるところまで観られているので、お子さまには片付けまでが課題だということを伝えるようにしてください。

【おすすめ問題集】
実践 ゆびさきトレーニング①・②・③、Ｊｒ・ウォッチャー23「切る・貼る・塗る」

問題49　分野：行動観察

〈解 答〉　省略

制作の問題でも触れましたが、行動観察も「指示を理解する」「指示通り行動する」ということが基本になります。そうした中でどれだけプラスの要素を見せることができるかが大切です。①でも、指示されたからやるのではなく、楽しみながらできれば、評価する側にもその気持ちは伝わります。②でも、相手が受け取りやすいように渡したり、落としてしまった時にフォローできたりすればよい評価になるでしょう。こうした、当たり前のことを当たり前にできるということが重要なポイントです。ペーパーテストの点がよかったのに、行動観察がダメで不合格になったという話はよく聞きます。そうした意味では、お子さまの学力だけでなく、そのすべてが観られるようになってきていると言えるでしょう。

【おすすめ問題集】
Ｊｒ・ウォッチャー29「行動観察」

問題50 分野：面接（保護者・志願者面接）

〈解 答〉 省略

保護者への質問の後、お子さまへの質問という形で面接が行われます。保護者への質問は、両親ともに答えるように言われる場合と父親・母親のいずれかが指定される場合、どちらが答えてもよい場合があるので、保護者同士でしっかりコミュニケーションをとって、どの質問が来ても対応できるようにしておきましょう。また、願書提出時に、志望理由、子育ての方針、志願者の長所・短所などを具体的な例を挙げて記入する必要があるので、そうした点も踏まえて面接に取り組まなければいけません。志願者への質問は、回答に対して掘り下げた質問をされる場合があります。一問一答の決められたパターンで答えるのではなく、しっかりとしたコミュニケーション力が求められます。

【おすすめ問題集】

新 小学校受験の入試面接Q＆A、保護者のための面接最強マニュアル、
家庭で行う面接テスト問題集

立命館小学校　専用注文書

年　　月　　日

合格のための問題集ベスト・セレクション

＊入試頻出分野ベスト３

1st 常識	2nd 図形	3rd 推理
知識　聞く力	観察力　思考力	思考力　観察力

それほど難しい問題が出題されることはないので、基礎をしっかりと学んでおけば充分に対応できます。その際、ペーパー学習だけでなく、生活体験を通じた学習を心がけるようにしてください。

分野	書　名	価格(税込)	注文	分野	書　名	価格(税込)	注文
図形	Ｊｒ・ウォッチャー４「同図形探し」	1,650円	冊	数量	Ｊｒ・ウォッチャー39「たし算・ひき算２」	1,650円	冊
図形	Ｊｒ・ウォッチャー６「系列」	1,650円	冊	数量	Ｊｒ・ウォッチャー44「見えない数」	1,650円	冊
推理	Ｊｒ・ウォッチャー７「迷路」	1,650円	冊	言語	Ｊｒ・ウォッチャー49「しりとり」	1,650円	冊
図形	Ｊｒ・ウォッチャー８「対称」	1,650円	冊	巧緻性	Ｊｒ・ウォッチャー51「運筆①」	1,650円	冊
常識	Ｊｒ・ウォッチャー11「いろいろな仲間」	1,650円	冊	巧緻性	Ｊｒ・ウォッチャー52「運筆②」	1,650円	冊
常識	Ｊｒ・ウォッチャー12「日常生活」	1,650円	冊	推理	Ｊｒ・ウォッチャー53「四方からの観察 積み木編」	1,650円	冊
数量	Ｊｒ・ウォッチャー16「積み木」	1,650円	冊		１話５分の読み聞かせお話集①・②	1,980円	各　冊
言語	Ｊｒ・ウォッチャー17「言葉の音遊び」	1,650円	冊		お話の記憶問題集 初級編	2,860円	冊
言語	Ｊｒ・ウォッチャー18「いろいろな言葉」	1,650円	冊		実践 ゆびさきトレーニング①・②・③	2,750円	各　冊
記憶	Ｊｒ・ウォッチャー19「お話の記憶」	1,650円	冊		小学校受験で知っておくべき125のこと	2,860円	冊
記憶	Ｊｒ・ウォッチャー20「見る記憶・聴く記憶」	1,650円	冊		新 小学校受験の入試面接Ｑ＆Ａ	2,860円	冊
巧緻性	Ｊｒ・ウォッチャー23「切る・貼る・塗る」	1,650円	冊		保護者のための入試面接最強マニュアル	2,200円	冊
観察	Ｊｒ・ウォッチャー29「行動観察」	1,650円	冊		家庭で行う面接テスト問題集	2,200円	冊
数量	Ｊｒ・ウォッチャー38「たし算・ひき算１」	1,650円	冊		新 願書・アンケート・作文 文例集500	2,860円	冊

合計	冊	円

（フリガナ） 氏　名	電　話 ＦＡＸ E-mail
住 所　〒　　　－	以前にご注文されたことはございますか。 有　・　無

図書カード 1000 円分プレゼント

ご記入日 令和　　年　　月　　日

☆国・私立小学校受験アンケート☆

※可能な範囲でご記入下さい。選択肢は○で囲んで下さい。

〈小学校名〉＿＿＿＿＿＿＿＿＿＿　〈お子さまの性別〉男・女　〈誕生月〉＿＿月

〈その他の受験校〉（複数回答可）＿＿＿＿＿＿＿＿＿＿

〈受験日〉①：＿＿月＿＿日　〈時間〉＿＿時＿＿分　～　＿＿時＿＿分

②：＿＿月＿＿日　〈時間〉＿＿時＿＿分　～　＿＿時＿＿分

〈受験者数〉男女計＿＿名（男子＿＿名　女子＿＿名）

〈お子さまの服装〉＿＿＿＿＿＿＿＿＿＿

〈入試全体の流れ〉（記入例）準備体操→行動観察→ペーパーテスト

＿＿＿＿＿＿＿＿＿＿

Eメールによる情報提供

日本学習図書では、Eメールでも入試情報を募集しております。

下記のアドレスに、アンケートの内容をご入力の上、メールをお送り下さい。

ojuken@nichigaku.jp

●行動観察　（例）好きなおもちゃで遊ぶ・グループで協力するゲームなど

〈実施日〉＿＿月＿＿日　〈時間〉＿＿時＿＿分　～　＿＿時＿＿分　〈着替え〉□有　□無

〈出題方法〉□肉声　□録音　□その他（　　　　　）　〈お手本〉□有　□無

〈試験形態〉□個別　□集団（　　　人程度）　〈会場図〉

〈内容〉

□自由遊び

＿＿＿＿＿＿＿＿＿＿

□グループ活動

＿＿＿＿＿＿＿＿＿＿

□その他

＿＿＿＿＿＿＿＿＿＿

●運動テスト（有・無）　（例）跳び箱・チームでの競争など

〈実施日〉＿＿月＿＿日　〈時間〉＿＿時＿＿分　～　＿＿時＿＿分　〈着替え〉□有　□無

〈出題方法〉□肉声　□録音　□その他（　　　　　）　〈お手本〉□有　□無

〈試験形態〉□個別　□集団（　　　人程度）　〈会場図〉

〈内容〉

□サーキット運動

□走り　□跳び箱　□平均台　□ゴム跳び

□マット運動　□ボール運動　□なわ跳び

□クマ歩き

□グループ活動＿＿＿＿＿＿＿＿＿＿

□その他＿＿＿＿＿＿＿＿＿＿

●知能テスト・口頭試問

〈実施日〉＿＿月＿＿日〈時間〉＿＿時＿＿分　～　＿＿時＿＿分〈お手本〉□有　□無

〈出題方法〉□肉声　□録音　□その他（　　　　　　）〈問題数〉＿＿枚　＿＿問

分野	方法	内　容	詳細・イラスト
（例） お話の記憶	☑筆記 □口頭	動物たちが待ち合わせをする話	（あらすじ） 動物たちが待ち合わせをした。最初にウサギさんが来た。次にイヌくんが、その次にネコさんが来た。最後にタヌキくんが来た。 （問題・イラスト） 3番目に来た動物は誰か 
お話の記憶	□筆記 □口頭		（あらすじ） （問題・イラスト）
図形	□筆記 □口頭		
言語	□筆記 □口頭		
常識	□筆記 □口頭		
数量	□筆記 □口頭		
推理	□筆記 □口頭		
その他	□筆記 □口頭		

●制作　(例) ぬり絵・お絵かき・工作遊びなど

〈実施日〉＿＿月＿＿日　〈時間〉＿＿時＿＿分　～　＿＿時＿＿分

〈出題方法〉　□肉声　□録音　□その他（　　　　　　）　〈お手本〉□有　□無

〈試験形態〉　□個別　□集団（　　　　人程度）

材料・道具	制作内容
□ハサミ □のり（□つぼ　□液体　□スティック） □セロハンテープ □鉛筆　□クレヨン（　色） □クーピーペン（　色） □サインペン（　色）□ □画用紙（□ A4　□ B4　□ A3 □その他：　　　　　） □折り紙　□新聞紙　□粘土 □その他（　　　　　）	□切る　□貼る　□塗る　□ちぎる　□結ぶ　□描く　□その他（　　　　　　） タイトル：＿＿＿＿＿＿＿＿＿＿

●面接

〈実施日〉＿＿月＿＿日　〈時間〉＿＿時＿＿分　～　＿＿時＿＿分　〈面接担当者〉＿＿＿名

〈試験形態〉□志願者のみ（　　）名　□保護者のみ　□親子同時　□親子別々

〈質問内容〉

※試験会場の様子をご記入下さい。

□志望動機　□お子さまの様子

□家庭の教育方針

□志望校についての知識・理解

□その他（　　　　　　　　　　　）

（　詳　細　）

・

・

・

・

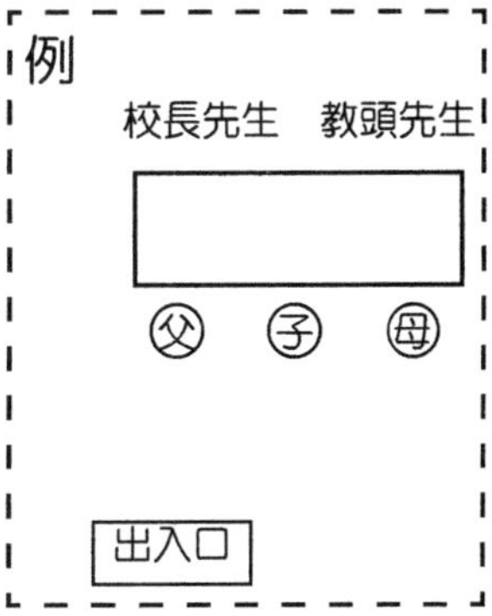

●保護者作文・アンケートの提出（有・無）

〈提出日〉　□面接直前　□出願時　□志願者考査中　□その他（　　　　　　　　）

〈下書き〉　□有　□無

〈アンケート内容〉

（記入例）当校を志望した理由はなんですか（150 字）

●**説明会**（□有　□無）〈開催日〉　月　日〈時間〉　時　分 ～ 時　分

〈上履き〉 □要　□不要 〈願書配布〉 □有　□無 〈校舎見学〉 □有　□無

〈ご感想〉

●**参加された学校行事**（複数回答可）

公開授業〈開催日〉　月　日〈時間〉　時　分 ～ 時　分

運動会など〈開催日〉　月　日〈時間〉　時　分 ～ 時　分

学習発表会・音楽会など〈開催日〉　月　日〈時間〉　時　分 ～ 時　分

〈ご感想〉

※是非参加したほうがよいと感じた行事について

●**受験を終えてのご感想、今後受験される方へのアドバイス**

※対策学習（重点的に学習しておいた方がよい分野）、当日準備しておいたほうがよい物など

＊＊＊＊＊＊＊＊＊＊＊＊＊　ご記入ありがとうございました　＊＊＊＊＊＊＊＊＊＊＊＊＊

必要事項をご記入の上、ポストにご投函ください。

なお、本アンケートの送付期限は入試終了後３ヶ月とさせていただきます。また、入試に関する情報の記入量が当社の基準に満たない場合、謝礼の送付ができないことがございます。あらかじめご了承ください。

ご住所：〒

お名前：　　　　メール：

ＴＥＬ：　　　　ＦＡＸ：

ご記入頂いた個人に関する情報は、当社にて厳重に管理致します。弊社の個人情報取り扱いに関する詳細は、www.nichigaku.jp/policy.php の「個人情報の取り扱い」をご覧下さい。

分野別 小学入試練習帳 ジュニアウォッチャー

1．点・線図形	小学校入試で出題頻度の高い『点・線図形』の模写を、難易度の低いものから段階別に幅広く練習することができるように構成。
2．座標	図形の位置模写という作業を、難易度の低いものから段階別に練習できるように構成。
3．パズル	様々なパズルの問題を難易度の低いものから段階別に練習できるように構成。
4．同図形探し	小学校入試で出題頻度の高い、同図形選びの問題を繰り返し練習できるように構成。
5．回転・展開	図形などを回転、または展開したとき、形がどのように変化するかを学習し、理解を深められるように構成。
6．系列	数、図形などの様々な系列問題を、難易度の低いものから段階別に練習できるように構成。
7．迷路	迷路の問題を繰り返し練習できるように構成。
8．対称	対称に関する問題を４つのテーマに分類し、各テーマごとに問題を段階別に練習できるように構成。
9．合成	図形の合成に関する問題を、難易度の低いものから段階別に練習できるように構成。
10．四方からの観察	もの（立体）を様々な角度から見て、どのように見えるかを推理する問題を段階別に整理し、１つの形式で複数の問題を練習できるように構成。
11．いろいろな仲間	ものや動物、植物の共通点を見つけ、分類していく問題を中心に構成。
12．日常生活	日常生活における様々な問題を６つのテーマに分類し、各テーマごとに一つの問題形式で複数の問題を練習できるように構成。
13．時間の流れ	『時間』に着目し、様々なものごとは、時間が経過するとどのように変化するのかということを学習し、理解できるように構成。
14．数える	様々なものを『数える』ことから、数の多少の判定やかけ算、わり算の基礎までを練習できるように構成。
15．比較	比較に関する問題を５つのテーマ（数、高さ、長さ、量、重さ）に分類し、各テーマごとに問題を段階別に練習できるように構成。
16．積み木	数える対象を積み木に限定した問題集。
17．言葉の音遊び	言葉の音に関する問題を５つのテーマに分類し、各テーマごとに問題を段階別に練習できるように構成。
18．いろいろな言葉	表現力をより豊かにするいろいろな言葉として、擬態語や擬声語、同音異義語、反意語、数詞を取り上げた問題集。
19．お話の記憶	お話を聴いてその内容を記憶、理解し、設問に答える形式の問題集。
20．見る記憶・聴く記憶	「見て憶える」「聴いて憶える」という『記憶』分野に特化した問題集。
21．お話作り	いくつかの絵を元にしてお話を作る練習をして、想像力を養うことができるように構成。
22．想像画	描かれてある形や景色に好きな絵を描くことにより、想像力を養うことができるように構成。
23．切る・貼る・塗る	小学校入試で出題頻度の高い、はさみやのりなどを用いた巧緻性の問題を繰り返し練習できるように構成。
24・絵画	小学校入試で出題頻度の高い、お絵かきやぬり絵などクレヨンやクーピーペンを用いた巧緻性の問題を繰り返し練習できるように構成。
25．生活巧緻性	小学校入試で出題頻度の高い日常生活の様々な場面における巧緻性の問題集。
26．文字・数字	ひらがなの清音、濁音、拗音、拗長音、促音と１～20までの数字に焦点を絞り、練習できるように構成。
27．理科	小学校入試で出題頻度が高くなりつつある理科の問題を集めた問題集。
28．運動	出題頻度の高い運動問題を種目別に分けて構成。
29．行動観察	項目ごとに問題提起をし、「このような時はどうか、あるいはどう対処するのか」の観点から問いかける形式の問題集。
30．生活習慣	学校から家庭に提起された問題と思って、一問一問絵を見ながら話し合い、考える形式の問題集。
31．推理思考	数、量、言語、常識（含理科、一般）など、諸々のジャンルから問題を構成し、近年の小学校入試問題傾向に沿って構成。
32．ブラックボックス	箱や筒の中を通ると、どのようなお約束でどのように変化するかを推理・思考する問題集。
33．シーソー	重さの違うものをシーソーに乗せた時どちらに傾くのか、またどうすればシーソーは釣り合うのかを思考する基礎的な問題集。
34．季節	様々な行事や植物などを季節別に分類できるように知識をつける問題集。
35．重ね図形	小学校入試で頻繁に出題されている「図形を重ね合わせてできる形」についての問題を集めました。
36．同数発見	様々な物を数え「同じ数」を発見し、数の多少の判断や数の認識の基礎を学べるように構成した問題集。
37．選んで数える	数の学習の基本となる、いろいろなものの数を正しく数える学習を行う問題集。
38．たし算・ひき算１	数字を使わず、たし算とひき算の基礎を身につけるための問題集。
39．たし算・ひき算２	数字を使わず、たし算とひき算の基礎を身につけるための問題集。
40．数を分ける	数を等しく分ける問題です。等しく分けたときに余りが出るものもあります。
41．数の構成	ある数がどのような数で構成されているか学んでいきます。
42．一対多の対応	一対一の対応から、一対多の対応まで、かけ算の考え方の基礎学習を行います。
43．数のやりとり	あげたり、もらったり、数の変化をしっかりと学びます。
44．見えない数	指定された条件から数を導き出します。
45．図形分割	図形の分割に関する問題集。パズルや合成の分野にも通じる様々な問題を集めました。
46．回転図形	「回転図形」に関する問題集。やさしい問題から始め、いくつかの代表的なパターンから、段階を踏んで学習できるよう編集されています。
47．座標の移動	「マス目の指示通りに移動する問題」と「指示された数だけ移動する問題」を収録。
48．鏡図形	鏡で左右反転させた時の見え方を考えます。平面図形から立体図形、文字、絵まで。
49．しりとり	すべての学習の基礎となる「言葉」を学ぶこと、特に「語彙」を増やすことに重点をおき、さまざまなタイプの「しりとり」問題を集めました。
50．観覧車	観覧車やメリーゴーラウンドなどを舞台にした「回転系列」の問題集。「推理思考」分野の問題ですが、要素として「図形」や「数量」も含みます。
51．運筆①	鉛筆の持ち方を学び、点線なぞり、お手本を見ながらの模写で、線を引く練習をします。
52．運筆②	運筆①からさらに発展し、「欠所補完」や「迷路」などを楽しみながら、より複雑な鉛筆運びを習得することを目指します。
53．四方からの観察 積み木編	積み木を使用した「四方からの観察」に関する問題を練習できるように構成。
54．図形の構成	見本の図形がどのような部分によって形づくられているかを考えます。
55．理科②	理科的知識に関する問題を集中して練習する「常識」分野の問題集。
56．マナーとルール	道路や駅、公共の場でのマナー、安全や衛生に関する常識を学べるように構成。
57．置き換え	さまざまな具体的・抽象的事象を記号で表す「置き換え」の問題を扱います。
58．比較②	長さ・高さ・体積・数などを数学的な知識を使わず、論理的に推測する「比較」の問題を練習できるように構成。
59．欠所補完	線と線のつながり、欠けた絵に当てはまるものなどを求める「欠所補完」に取り組める問題集です。
60．言葉の音（おん）	しりとり、決まった順番の音をつなげるなど、「言葉の音」に関する問題に取り組める練習問題集です。

家庭学習をトータルサポート！ ニチガクのオリジナル 効果的 学習法

1 まずは アドバイスページを読む！

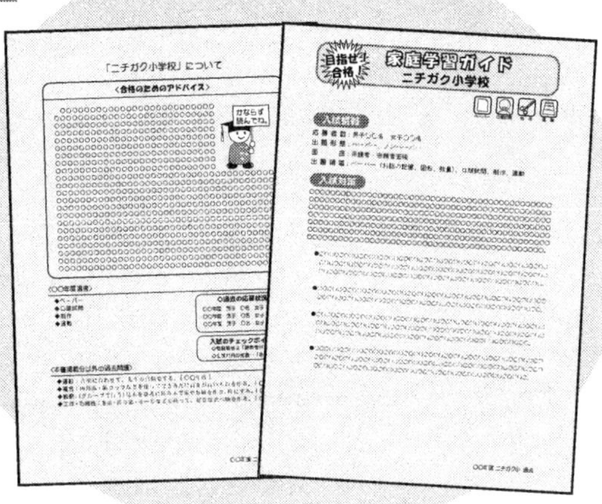

ピンク色です

対策や試験ポイントがぎっしりつまった「家庭学習ガイド」。しっかり読んで、試験の傾向をおさえよう！

2 問題をすべて読み、出題傾向を把握する

3 「学習のポイント」で学校側の観点や問題の解説を熟読

4 はじめて過去問題にチャレンジ！

5 プラスα 対策問題集や類題で力を付ける

過去問のこだわり

最新問題は問題ページ、イラストページ、解答・解説ページが独立しており、お子さまにすぐに取り掛かっていただける作りになっています。
ニチガクの学校別問題集ならではの、学習法を含めたアドバイスを利用して効率のよい家庭学習を進めてください。

各問題のジャンル

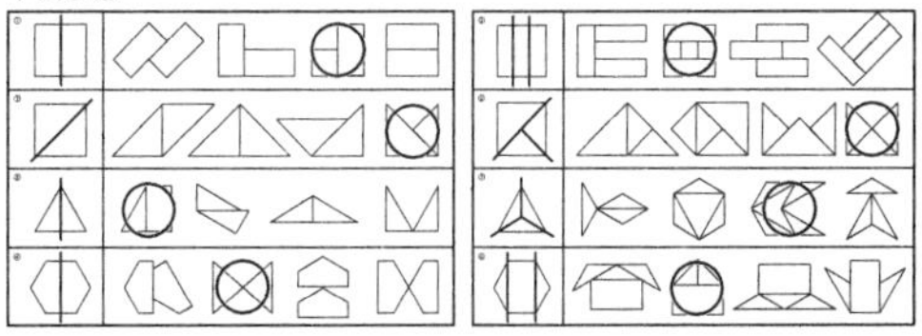

問題7 分野：図形（図形の構成） Aグループ男子

〈解答〉 下図参照

図形の構成の問題です。解答時間が圧倒的に短いので、直感的に答えないと全問答えることはできないでしょう。例年ほど難しい問題ではないので、ある程度準備をしたお子さまなら可能のはずです。注意すべきなのはケアレスミスで、「できないものはどれですか」と聞かれているのに、できるものに○をしたりしてはおしまいです。こういった問題では基礎とも言える問題なので、もしわからなかった場合は基礎問題を分野別の問題集などでおさらいしておきましょう。

【おすすめ問題集】
★ニチガク小学校図形攻略問題集①②★（書店では販売しておりません）
Jr・ウォッチャー9「合成」、54「図形の構成」

学習のポイント

各問題の解説や学校の観点、指導のポイントなどを教えます。
今日から保護者の方が家庭学習の先生に！

おすすめ対策問題集

分野ごとに対策問題集をご紹介。苦手分野の克服に最適です！
＊専用注文書付き。

2023年度版 洛南高等学校附属小学校 立命館小学校 過去問題集

発行日 2022年6月20日
発行所 〒162-0821 東京都新宿区津久戸町3-11-9F
日本学習図書株式会社
電　話 03-5261-8951 ㈹

ISBN978-4-7761-5445-7

C6037 ¥2300E

9784776154457

定価 2,530円
（本体 2,300円＋税 10%）

1926037023005

詳細は http://www.nichigaku.jp 日本学習図書 検索

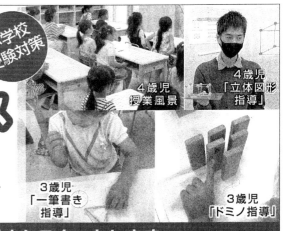

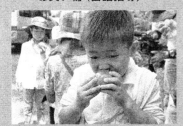

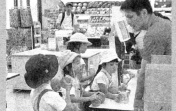

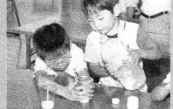

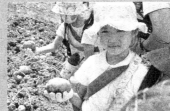

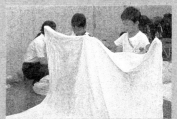

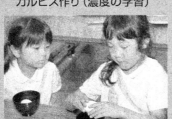

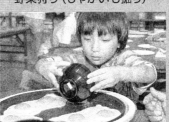

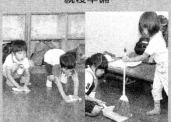

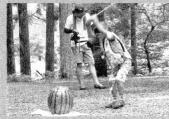

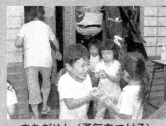

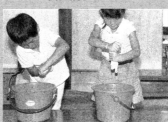

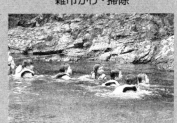

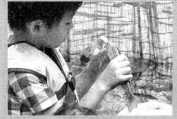

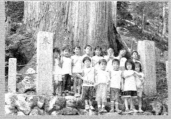

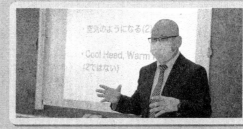

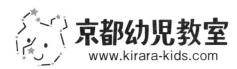